小型水库安全运行监督检查
典型问题分析

太湖流域管理局苏州管理局　编著

黄河水利出版社
·郑州·

内 容 提 要

本书对照水利部《小型水库安全运行监督检查办法(试行)》附件中的问题清单,从防汛“三个责任人”,防汛“三个重点环节”,日常巡查、大坝监测及维修养护,综合管理,主体建筑物,设备设施等6个方面系统梳理49类典型问题,针对每一类典型问题进行剖析,列举问题实例,分析问题原因,说明规范要求,提出改进建议。

本书对全面规范做好小型水库运行管理工作具有较强的参考意义,实例翔实、内容全面,可供小型水库安全运行管理人员、水利监督检查人员学习使用。

图书在版编目(CIP)数据

小型水库安全运行监督检查典型问题分析 / 太湖流域管理局苏州管理局编著 ; 尤林贤等主编. -- 郑州 : 黄河水利出版社, 2025. 9. -- ISBN 978-7-5509-4292-9

Ⅰ. TV 697. 1

中国国家版本馆 CIP 数据核字第 202552Y3H9 号

组稿编辑:田丽萍　电话:0371-66025553　E-mail:912810592@ qq. com

责任编辑	陈彦霞	责任校对	王单飞
封面设计	李思璇	责任监制	常红昕
出版发行	黄河水利出版社		
	地址:河南省郑州市顺河路 49 号　邮政编码:450003		
	网址:www. yrcp. com　E-mail:hhslcbs@ 126. com		
	发行部电话:0371-66020550		
承印单位	河南瑞之光印刷股份有限公司		
开　　本	787 mm×1 092 mm　1/16		
印　　张	11. 75		
字　　数	280 千字		
版次印次	2025 年 9 月第 1 版		2025 年 9 月第 1 次印刷
定　　价	80. 00 元		

《小型水库安全运行监督检查典型问题分析》

编写组

主　　　　编：尤林贤

主要编写人员：孙嘉良　陈雨清　唐闻韬　刘宸宇

熊翰林　王吉浩　金照青　张慧峰

前 言
Foreword

截至2023年底，我国已建小型水库近9万座。限于修建年代，部分小型水库建设先天不足，工程实体质量隐患较多，运行管理存在薄弱环节，影响小型水库安全运行的问题较为突出。近年来，水利部开展小型水库安全运行监督检查，指导督促各地各单位严格落实水库安全管理责任，全面查找安全运行薄弱环节，及时消除风险隐患，小型水库工程管理水平得到明显提升。

水利部太湖流域管理局苏州管理局作为水利部太湖流域管理局水利监督支撑单位，长期从事水利监督工作，为进一步强化成果运用，现组织骨干成员对照水利部《小型水库安全运行监督检查办法（试行）》中列明的各类问题，从防汛"三个责任人"，防汛"三个重点环节"，日常巡查、大坝监测等6个方面系统剖析49类典型问题，列举问题实例，分析形成原因，明确规范要求，提出改进措施，形成本书，供水库安全运行管理人员、水利监督检查人员参考借鉴，帮助提升小型水库运行管理水平，以实现水库长期安全运行。

本书分为7章，由尤林贤负责最后审定工作，蔡辉负责大纲编写拟定和编撰指导工作，毛学勇、孙嘉良负责统稿工作。各章编写人员具体如下：第1章由王吉浩执笔，第2章由陈雨清执笔，第3章由唐闻韬执笔，第4章由刘宸宇执笔，第5章由戴晓烨、熊翰林、王吉浩执笔，第6章由孙嘉良、毛程阳、金照青执笔，第7章由张慧峰、熊翰林、王吉浩执笔。

由于时间仓促和编者水平有限，本书或有一些不当之处，恳请读者批评指正。

编写组

2025年3月

目 录 Contents

第1章 太湖流域管理局水利监督工作开展情况

在水利部党组坚强领导下，水利部太湖流域管理局（简称太湖局）坚决落实习近平总书记关于治水的重要论述精神，坚守流域监督指导服务职能，推动流域监督管理提质增效，高质量完成了水利部统一部署的各项监督检查任务。

太湖局现有在岗专职监管人员21人（监督处8人、苏州管理局13人）；全局160名职工持有水利督查工作证，累计开展了15期420人次的监管业务培训，总计163名职工参加过水利监督现场检查。

对标水利部水利监督规范化、常态化、专业化（三化）的要求，太湖局实行出行报备、组长负责、联合组队等工作模式，2018—2024年共承接水利部督查检查考核事项87项，其中，以“办监督”或“办监督函”部署78项，其他部署9项。累计派出378组次、1 684余人次，督查范围涉及江苏、浙江、福建、安徽、江西、海南、河南、云南、上海等8省1市，累计完成2 168座小型水库（包含重大安全隐患水库复查及发现问题整改情况复查），占太湖流域小水库总数的29.1%。太湖流域省（市）小型水库数量见表1-1，数据更新至2024年5月。

表1-1 太湖流域省（市）小型水库数量

省（市）	小（1）型水库/座	小（2）型水库/座	总数量/座	占太湖流域总数百分比/%
江苏省	45	121	166	2.23
浙江省	723	3 348	4 071	54.65
福建省	676	2 369	3 045	40.88
安徽省	17	137	154	2.06
江西省	0	11	11	0.15
上海市	2	0	2	0.03
总计	1 463	5 986	7 449	100

第2章　防汛“三个责任人”

2.1　行政责任人

典型问题1　行政责任人履责情况差

1. 问题现象

(1)某水库防汛行政责任人安全组织领导不力,未开展工程检查,未及时发现水库泄洪洞启闭机电机缺失,如图2-1所示。

图2-1

(2)某水库防汛行政责任人协调解决防汛安全重大问题不到位,未按调度运用方案(调度计划)要求空库运行,汛期现场检查时仍蓄水运行,且未采取放水措施,如图2-2所示。

图2-2

(3)某水库防汛行政责任人落实巡查管护和防汛管理经费保障不足,坝顶兼作交通道路,来往大货车较多,路面开裂塌陷积水严重,缺乏管理维护,如图2-3所示。

图2-3

(4)某水库防汛行政责任人未定期组织开展和参加防汛安全培训。

2. 原因分析

根据职责内容,行政责任人履责情况差主要有以下原因:

(1)行政责任人对水库基本情况和安全状况掌握不全面,缺乏对水库名称、位置、功能、库容、坝型、坝高等基本情况的了解。

(2)行政责任人未能有效协调相关部门,导致水库防汛安全重大问题未能得到及时解决。

(3)行政责任人未能落实巡查管护和防汛管理经费保障,影响了防汛工作的顺利进行。

(4)行政责任人未能组织开展防汛检查、隐患排查和应急演练,导致水库在面对极端天气时应对措施不足。

(5)行政责任人未能定期参加防汛安全培训,对防汛知识和技能掌握不足。

(6)行政责任人的频繁变动导致水库安全管理工作的连续性受损。新任责任人需要时间熟悉水库的具体情况和相关职责,可能影响水库安全管理的及时性和有效性。

3. 造成后果

1)组织协调不力

(1)人员调配混乱。无法合理调配防汛人员,导致关键岗位人员缺失,巡查、抢险等工作无法有效开展,当汛情紧急时,不能及时组织足够的人力进行大坝加固等工作。

(2)部门协作受阻。不能协调好水利、气象、应急等部门,使信息沟通不畅,联合行动困难,气象部门的预警信息无法及时传达,应急部门的救援物资和队伍不能及时到位。

2)宣传动员与避险安置不到位

(1)宣传教育缺失。没有组织好防汛知识宣传和演练,周边群众对防汛避险知识了解不足,自我保护意识和能力差,在水库出现险情时不知道如何正确避险。

(2)避险安置混乱。未提前规划和落实避险安置场所及措施,在需要转移群众时,可能出现转移不及时、安置点条件差等问题,危及群众生命安全和基本生活。

3)监督检查与责任追究不力

(1)隐患排查走过场。对水库防汛工作的监督检查不严格,不能及时发现水库存在的安全隐患和防汛工作中的薄弱环节,使问题长期积累,最终可能引发严重事故。

(2)责任追究不落实。对防汛工作中出现的失职、渎职等问题不进行严肃追究,会导致相关人员责任意识淡薄,防汛工作难以得到有效落实。

4.规范要求

1)《小型水库安全管理办法》(水安监〔2010〕200号)

第八条 地方人民政府负责落实本行政区域内小型水库安全行政管理责任人,并明确其职责,协调有关部门做好小型水库安全管理工作,落实管理经费,划定工程管理范围与保护范围,组织重大安全事故应急处置。

2)《小型水库防汛"三个责任人"履职手册(试行)》

主要职责中的第(1)~(6)项,明确了行政责任人的具体职责:

(1)负责水库防汛安全组织领导;

(2)组织协调相关部门解决水库防汛安全重大问题;

(3)落实巡查管护、防汛管理经费保障;

(4)组织开展防汛检查、隐患排查和应急演练;

(5)组织水库防汛安全重大突发事件应急处置;

(6)定期组织开展和参加防汛安全培训。

履职要点中的第(1)~(6)项,详细描述了行政责任人履职的具体行动指南:

(1)了解掌握水库基本情况。掌握水库名称、位置、功能、库容、坝型、坝高等基本情况,了解安全鉴定情况;掌握水库主管部门和水库管理单位(产权所有者)有关负责人及防汛技术责任人、巡查责任人名单,了解其联系方式;了解水库下游集镇、村庄、人口、厂矿和重要基础设施情况,以及应急处置方案和人员避险转移路线。

(2)协调落实防汛安全保障措施。督促水库主管部门、水库管理单位(产权所有者)制定和落实水库防汛管理各项制度,落实水雨情(又称雨水情,后同)测报、水库调度运用方案和水库大坝安全管理(防汛)应急预案编制与演练等防汛"三个重点环节",及时开展安全隐患治理和水毁工程修复;督促水库防汛技术责任人和巡查责任人履职尽责;协调落实工程巡查管护和防汛管理经费,落实防汛物资储备,解决水库防汛安全重大问题。

(3)组织开展防汛检查。组织开展汛前、汛中至少2次防汛检查,遇暴雨、洪水、地震及发生工程异常等,及时组织或督促防汛技术责任人组织检查。重点检查:防汛"三个重点环节"是否落实;大坝安全状况,溢洪道是否畅通,闸门及启闭机运行是否可靠,安全隐患治理和水毁工程修复是否完成;汛限水位控制是否严格;防汛物资储备、抢险队伍落实、交通通信保障等情况。

(4)组织应急处置和人员转移。水库发生重大汛情、险情、事故等突发事件时,应立即赶赴现场,指挥或配合上级部门开展应急处置,根据应急响应情况,及时做好人员转移避险。

(5)组织开展应急演练。按照水库大坝安全管理(防汛)应急预案,组织防汛技术责任人、巡查责任人、相关部门和下游影响范围内的公众，开展应急演练。演练可设定紧急集合、险情抢护、应急调度、人员转移等科目，可采用实战演练或桌面推演等方式。

(6)组织参加防汛安全培训。任职期间应做到培训上岗，新任职的应及时接受防汛安全培训，连续任职的至少每3年集中培训一次；培训可采用集中培训、视频培训或现场培训等方式。督促防汛技术责任人和巡查责任人参加水库大坝安全与防汛技术培训。

5. 整改措施

(1)主管部门加强行政责任人的培训，确保其熟悉水库基本情况和防汛安全知识，通过案例分析、实地参观等方式，让他们深刻认识到水库管理工作的重要性，增强其责任感和使命感。

(2)主管部门明确行政责任人的职责，制定具体的履职计划和时间表。

(3)主管部门加强与行政责任人的沟通协调，确保防汛安全重大问题得到及时解决。

(4)管理单位落实巡查管护和防汛管理经费，确保防汛工作顺利进行。

(5)行政责任人定期组织开展防汛检查、隐患排查和应急演练，提高应对极端天气的能力。

(6)管理单位及时更新责任人信息，当水库行政责任人发生变动时，应及时在全国水库运行管理信息系统中更新责任人名单，并向社会公布，接受社会监督。

2.2 技术责任人

典型问题2 技术责任人履责情况差

1. 问题现象

(1)某水库技术责任人未能及时发现和处理问题隐患，大坝坝脚有多个集中漏水点，漏水量较大，如图2-4所示。

图2-4

(2)某水库技术责任人未能及时发现和处理问题隐患，某水库汛期超汛限水位运行，溢洪道入口有麻袋堆积阻水，人为抬高蓄水位，如图 2-5 所示。

图 2-5

(3)某水库技术责任人未指导水雨情测报工作，设置的水位计和雨量计已损坏，不满足观测需要，如图 2-6 所示。

图 2-6

2. 原因分析

根据职责内容，技术责任人履责情况差主要有以下原因：

(1)技术责任人对水库基本情况和安全状况了解不足，未能掌握水库工程状况、管理情况和下游影响，以及大坝安全鉴定结论。

(2)技术责任人未能组织或参与防汛检查和隐患排查，缺乏对大坝安全状况的定期评估。

(3)技术责任人未能指导防汛巡查和安全管理，导致大坝、溢洪道、放水涵等关键部位的日常管护不到位。

(4)技术责任人未能及时向防汛行政责任人和水库主管部门报告大坝安全状况和防

汛安全重大问题。

(5)技术责任人缺乏培训和知识更新,可能未经过必要的培训,导致其在水雨情监测预报预警、调度运用方案、安全管理(防汛)应急预案等内容方面不熟悉。

(6)管理体制和机制不健全,部分水库管理单位体制改革未完全到位,维修养护经费不足,导致工程实体缺陷未能得到及时维修,影响技术责任人的履职能力。

3.造成后果

1)防汛决策失误

(1)预案制定不合理。防汛技术责任人需根据水库实际情况制定防汛预案。若其履职能力差,预案可能缺乏针对性和可操作性,如对洪水演进分析不准确,未合理确定洪水调度方案,导致在汛情来临时无法有效应对。

(2)风险评估不足。不能准确评估水库在不同工况下的风险,对可能出现的管涌、渗漏等隐患认识不足,未提前制定相应的防范措施,使水库面临风险时处于被动局面。

2)技术指导缺失

(1)巡查技术不规范。无法为巡查人员提供专业的技术指导,导致巡查人员可能遗漏重要的安全隐患,如对大坝表面裂缝的宽度、深度及发展趋势判断不准确,不能及时发现坝体内部的隐患。

(2)抢险技术方案不当。在水库出现险情时,不能及时提出科学合理的抢险技术方案,可能导致抢险工作盲目进行,延误抢险时机,使险情进一步扩大。

3)协调沟通不畅

(1)与上级部门缺乏沟通。不能及时向上级部门准确汇报水库的技术状况和防汛工作情况,导致上级部门无法做出正确的决策和部署,影响整体防汛工作的开展。

(2)与相关单位协作存在障碍。在与气象、水文等相关单位的协作中,不能有效共享信息,无法及时获取准确的气象预报和水文数据,影响对汛情的预判和应对。

4.规范要求

1)《小型水库安全管理办法》(水安监〔2010〕200号)

第九条　县级以上水行政主管部门负责建立小型水库安全监督管理规章制度,组织实施安全监督检查,负责注册登记资料汇总工作,对管理(管护)人员进行技术指导与安全培训。

第十条　水库主管部门(或业主)负责所属小型水库安全管理,明确水库管理单位或管护人员,制定并落实水库安全管理各项制度,筹措水库管理经费,对所属水库大坝进行注册登记,申请划定工程管理范围与保护范围,督促水库管理单位或管护人员履行职责。

2)《小型水库防汛“三个责任人”履职手册(试行)》

主要职责中的第(1)~(9)项,明确了技术责任人的具体职责:

(1)为水库防汛管理提供技术指导;

(2)指导水库防汛巡查和日常管护;

(3)组织或参与防汛检查和隐患排查;

(4)掌握水库大坝安全鉴定结论;

(5)指导或协助开展安全隐患治理;

(6)指导水库调度运用和水雨情测报;

(7)指导应急预案编制,协助并参与应急演练;

(8)指导或协助开展水库突发事件应急处置;

(9)参加水库大坝安全与防汛技术培训。

履职要点中的第(1)~(6)项,详细描述了技术责任人履职的具体行动指南:

(1)掌握了解水库基本情况。掌握水库工程状况、管理情况和下游影响,包括挡水、泄水、放水建筑物,以及库容、坝型、坝高和正常蓄水位、汛限水位,了解下游影响范围内集镇、村庄、人口、厂矿、基础设施等;掌握水库主管部门和水库管理单位(产权所有者)有关负责人及防汛行政责任人、巡查责任人,了解其联系方式;了解应急处置方案和人员避险转移路线;了解水库管理法规制度相关要求和有关专业知识。

(2)掌握了解水库安全状况。通过现场检查、防汛检查、日常巡查、安全鉴定等途径,掌握大坝安全状况和主要病险隐患;掌握大坝安全鉴定结论,了解安全鉴定意见及大坝安全隐患、严重程度及治理情况,以及隐患消除前的控制运用措施;及时向防汛行政责任人和水库主管部门报告大坝安全状况和防汛安全重大问题。

(3)组织或参与防汛检查和隐患排查。协助防汛行政责任人开展汛前、汛中防汛检查,组织开展汛后检查,遇暴雨、洪水、地震及发生工程异常等参与或及时组织开展检查;组织开展隐患排查,针对大坝安全、防汛安全和巡查责任人报告的工程异常进行检查,必要时邀请有关部门和专家进行特别检查,协助开展隐患治理。

(4)指导防汛巡查和安全管理。指导防汛巡查责任人,按照巡查部位、内容、路线、频次和记录要求做好巡查工作,开展水雨情测报和大坝安全监测;落实水库调度要求,保持溢洪道畅通,控制汛限水位;做好大坝、溢洪道、放水涵等建筑物以及闸门、启闭机等设备设施的日常管护,做好工程档案管理。指导、组织或参与编制水库调度运用方案和大坝安全管理(防汛)应急预案;协助防汛行政责任人组织应急演练。

(5)协助做好应急处置。了解水库大坝安全管理(防汛)应急预案以及防汛物资、抢险队伍情况;水库大坝出现汛情、险情、事故等突发事件时,立即向防汛行政责任人报告;参与制定应急处置方案,协助做好应急调度、工程抢险、人员转移和险情跟踪等。

(6)参加防汛安全培训。上岗前及任期内应当接受培训,连续任职的至少每 3 年参加一次大坝安全与防汛技术培训,培训方式可采取集中培训、视频培训或现场培训等。

5. 整改措施

(1)加强技术责任人的培训,确保其熟悉水库基本情况、安全状况和相关规程规范。

(2)合理分配技术责任人的履职水库数量,确保其有足够的时间和精力履行职责。

(3)建立和完善防汛检查与隐患排查制度,定期对水库进行安全评估。

(4)加强对大坝、溢洪道、放水涵等关键部位的日常管护,确保设施设备运行正常。

(5)强化技术责任人与防汛行政责任人和水库主管部门的沟通机制,确保信息及时上报和共享。

6. 防范措施

(1)定期组织应急演练,提高技术责任人对突发事件的应急处置能力。

(2)建立水库安全监测系统,实时监控水库运行状况,及时发现异常。

(3)加强与气象、水文等部门的合作,提高水雨情测报的准确性和及时性。

7. 优秀经验

开发水库管理的数字化平台,利用信息技术提升管理效率和快速响应能力。普及水库的安全风险评估和预警系统,以便及早识别和解决潜在的安全问题。推广实施水库安全风险评估和预警机制,提前发现安全隐患,并及时采取措施进行处理。

2.3 巡查责任人

典型问题3 巡查责任人履责情况差

1. 问题现象

(1)某水库巡查责任人未按要求进行日常巡查和维护,巡查记录本无巡查记录,大坝下游坝坡杂草丛生,如图2-7~图2-9所示。

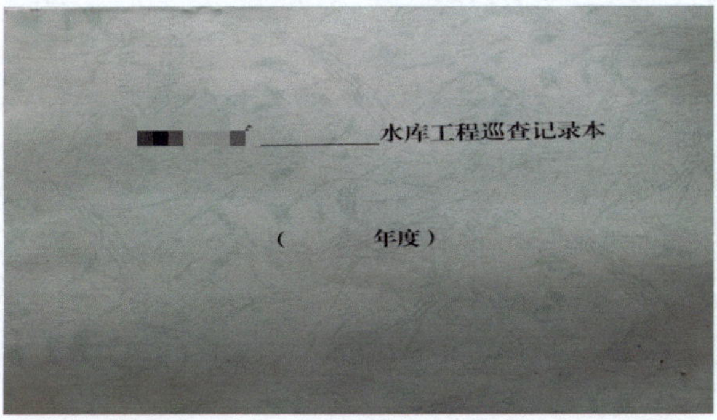

图2-7

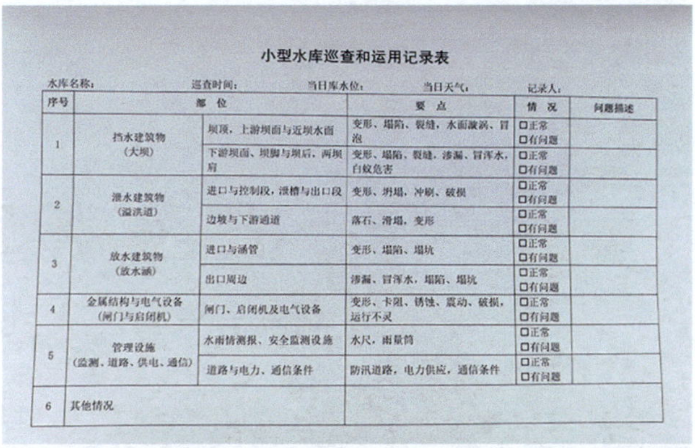

小型水库巡查和运用记录表

水库名称: 巡查时间: 当日库水位: 当日天气: 记录人:

序号	部位		要点	情况	问题描述
1	挡水建筑物(大坝)	坝顶,上游坝面与近坝水面	变形、塌陷、裂缝,水面漩涡、冒泡	□正常 □有问题	
		下游坝面、坝脚与坝后,两坝肩	变形、塌陷、裂缝,渗漏、冒浑水,白蚁危害	□正常 □有问题	
2	泄水建筑物(溢洪道)	进口与控制段,泄槽与出口段	变形、坍塌,冲刷、破损	□正常 □有问题	
		边坡与下游通道	落石、滑塌,变形	□正常 □有问题	
3	放水建筑物(放水涵)	进口与涵管	变形、塌陷、塌坑	□正常 □有问题	
		出口周边	渗漏、冒浑水,塌陷、塌坑	□正常 □有问题	
4	金属结构与电气设备(闸门与启闭机)	闸门、启闭机及电气设备	变形、卡阻、锈蚀、震动、破损,运行不灵	□正常 □有问题	
5	管理设施(监测、道路、供电、通信)	水雨情测报、安全监测设施	水尺,雨量筒	□正常 □有问题	
		道路与电力、通信条件	防汛道路,电力供应,通信条件	□正常 □有问题	
6	其他情况				

图2-8

(2)某水库巡查责任人对大坝巡视检查不到位,未发现并上报管理范围内围网养殖等问题,如图2-10所示。

(3)某水库巡查责任人对大坝巡视检查不到位,未发现并上报坝坡滑坡隐患,如图2-11所示。

图 2-9

图 2-10

图 2-11

(4)某水库巡查责任人未能正确记录并报送观测信息,巡查责任人不会读取水位,巡查记录本上记录的水位明显不合理，如图2-12所示。

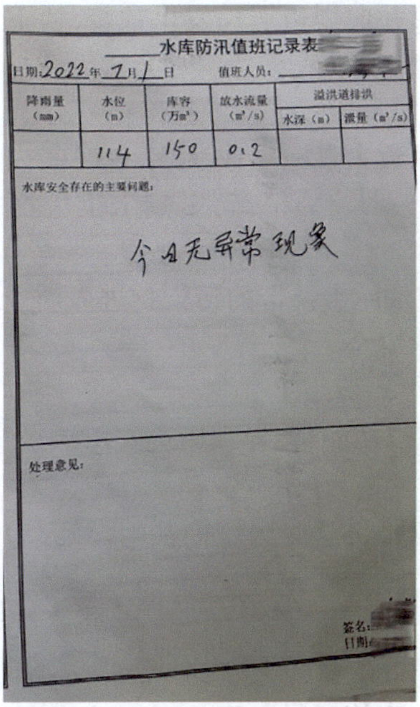

水库防汛值班记录表[redacted]

日期 2022 年 7 月 1 日　值班人员：[redacted]

降雨量（mm）	水位（m）	库容（万m³）	放水流量（m³/s）	溢洪道排洪	
				水深（m）	泄量（m³/s）
	114	150	0.2		

水库安全存在的主要问题：

今日无异常现象

处理意见：

签名：[redacted]

日期：

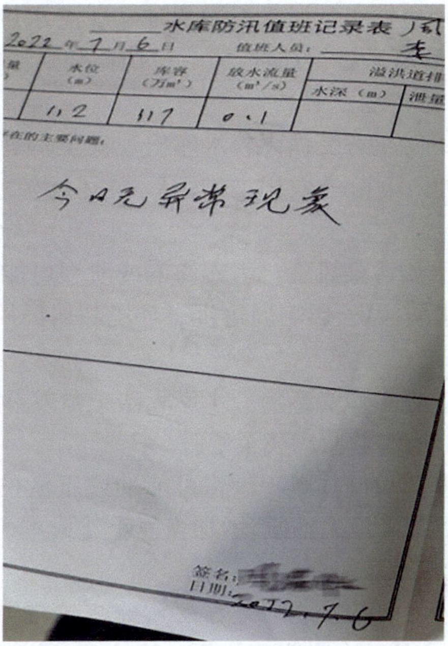

水库防汛值班记录表

2022 年 7 月 6 日　值班人员：[redacted]

量	水位（m）	库容（万m³）	放水流量（m³/s）	溢洪道排	
				水深（m）	泄量
	112	117	0.1		

在的主要问题：

今日无异常现象

签名：[redacted]

日期：2022.7.6

图 2-12

2. 原因分析

根据职责内容，巡查责任人履责情况差主要有以下原因：

(1) 巡查责任人对水库基本情况了解不足，未能掌握水库库容、坝型、坝高情况，以及防汛行政责任人、技术责任人的联系方式。

(2) 巡查责任人未能按照要求开展巡视检查，未能及时发现并报告大坝异常或险情。

(3) 巡查责任人未能按时填写巡查记录且不能提供相关记录，导致水库安全状况无法追溯。

(4) 巡查责任人未能做好大坝日常管理维护，对放水设施、闸门启闭设施的操作要求不熟悉，导致设施设备故障。

(5) 巡查责任人未能坚持防汛值班值守，未能按时报送水雨情信息，导致险情信息传递不及时。

(6) 巡查责任人缺乏必要的岗位技术培训，对防汛巡查责任和操作流程不熟悉。

3. 造成后果

1) 工程安全方面

(1) 隐患难以及时发现和处理。水库大坝可能出现裂缝、渗漏、滑坡等安全隐患，若巡查责任人未认真履职，不能及时察觉这些问题，隐患会持续发展，可能导致大坝局部结构破坏，降低大坝的稳定性和安全性。

(2) 设施损坏加剧。泄洪闸、放水涵管等水利设施可能因老化、腐蚀或其他因素出现故障，巡查不到位会使小问题演变成大故障，影响水库正常的泄洪和供水功能。

2) 防洪减灾方面

(1) 洪水调度不及时。在汛期，无法准确掌握水库水位等关键信息，导致不能及时进行科学合理的洪水调度,水库可能超汛限水位运行,增加漫坝、溃坝风险。

(2)预警发布延误。不能及时发现洪水迹象并向周边居民发出预警,使下游群众来不及采取防范措施,可能造成人员伤亡和财产损失。

3)生态环境方面

(1)下游生态受损。若水库出现安全问题导致大量泄洪或溃坝,短时间内大量水流下泄,会冲毁下游的农田、鱼塘等,破坏河流生态系统的平衡,影响水生生物的生存和繁衍。

(2)水质污染风险。水库渗漏或溃坝可能导致库水挟带的污染物进入周边水体和土壤,造成水质污染,影响周边生态环境和居民用水安全。

4)社会经济方面

(1)农业生产受影响。水库无法正常发挥灌溉功能,会导致周边农田缺水,影响农作物生长,造成农业减产甚至绝收。

(2)基础设施损毁。洪水可能冲毁下游的道路、桥梁、房屋等基础设施,给当地的交通、居住等带来极大不便,增加恢复重建成本。

4.规范要求

1)《小型水库安全管理办法》(水安监〔2010〕200号)

第十一条 水库管理单位或管护人员按照水库管理制度要求,实施水库调度运用,开展水库日常安全管理与工程维护,进行大坝安全巡视检查,报告大坝安全情况。

2)《小型水库防汛“三个责任人”履职手册(试行)》

主要职责中的第(1)~(6)项,明确了巡查责任人的具体职责:

(1)负责大坝巡视检查;

(2)做好大坝日常管护;

(3)记录并报送观测信息;

(4)坚持防汛值班值守;

(5)及时报告工程险情;

(6)参加防汛安全培训。

履职要点中的第(1)~(5)项,详细描述了巡查责任人履职的具体要求:

(1)掌握了解水库基本情况。掌握水库库容、坝型、坝高情况;掌握防汛行政责任人、技术责任人和相关部门负责同志名单,了解其联系方式;掌握大坝薄弱部位和检查重点,了解大坝日常管理维护的重点和要求;掌握放水设施、闸门启闭设施的操作要求,以及预警设施、设备使用方法;了解应急处置方案和人员避险转移路线以及下游保护集镇、村庄、人口、重要设施情况。

(2)开展巡查并及时报告。掌握巡视检查路线、方法、工具、内容、频次,按照要求开展巡视检查,做好巡查记录;汛期每日应不少于1次巡查,出现大坝异常或险情、设施设备故障、库水位快速上涨等情况应加密巡查,并及时报告防汛技术责任人或防汛行政责任人;发现可能引发水库溃坝或漫坝风险、威胁下游人民群众生命财产安全的重大突发事件时,按照应急预案规定,在报告的同时及时向下游地区发出警报信息。

(3)做好大坝日常管理维护。了解水库调度运用方案,做好日常调度运用操作,严格按照调度指令操作放水设施、闸门及启闭设备，做好设备运行和放水、泄水记录；对设施设备进行日常维护，及时清理溢洪道阻水障碍物；发现不能排除的故障和问题，及时向防汛技术责任人报告。

(4)坚持防汛值班值守。认真执行水库管理制度，做好防汛值班值守；按照要求做好水雨情观测，按时报送水雨情信息；发现库水位超过汛限水位、限制运用水位或溢洪道过水时，及时报告防汛技术责任人；遭遇洪水、地震及发现工程出现异常等情况应及时报告，紧急情况下按照规定发出警报。

(5)接受岗位技术培训。防汛巡查责任人应当经过培训合格后上岗，接受防汛技术责任人的岗位业务指导；连续任职的至少每2年参加一次水库防汛安全集中培训、视频培训或现场培训。

5. 整改措施

(1)加强人员培训，对巡查责任人进行专业培训，确保其熟悉水库基本情况和防汛巡查操作流程，提高其专业技能和安全意识。

(2)完善管理制度，建立和完善巡查责任人的监督和考核机制，按要求开展巡视检查和日常管理维护，确保巡查工作的规范性和有效性。

(3)落实防汛值班值守制度，确保水雨情信息及时报送。

(4)及时更新巡查设备，提高巡查效率和准确性。

(5)定期组织应急演练，提高巡查责任人对突发事件的应急处置能力。

6. 防范措施

(1)明确巡查责任人的职责范围，制定详细的巡查任务清单和操作规程。

(2)建立责任追究机制，对于因巡查责任人履职不到位导致的安全事故，依法依规追究责任。

(3)建立有效的沟通渠道，确保巡查责任人与防汛行政责任人、技术责任人之间的信息畅通。

(4)根据水库实际情况，合理规划巡查路线，确保巡查全覆盖，无死角。

(5)根据汛期和非汛期的不同情况，调整巡查频次，确保在关键时期能够及时发现和处理问题。

7. 优秀经验

开展巡查责任人专业培训，包括防汛知识、大坝安全监测、应急管理等，提升其专业技能和应急处理能力，培训中注重实战演练，模拟各种突发情况，提高巡查责任人的实际应对能力；指导巡查责任人利用现代通信工具，如微信群、专用App(应用程序)等，实现信息的快速共享和反馈。

第3章 防汛“三个重点环节”

3.1 雨水情测报

典型问题4 无雨水情测报设备

1. 问题现象

(1)某水库未设置水尺、水位计等水位观测设备,如图3-1、图3-2所示。

图3-1

图3-2

(2)某水库既未设置水尺、水位计等水位观测设备,也未设置雨量器、雨量计等降水量观测设备，如图 3-3～图 3-5 所示。

图 3-3

图 3-4

图 3-5

（3）某水库未设置水尺、水位计等水位观测设备，现场检查时水库正在溢流但无法测读水位,如图3-6所示。

图 3-6

2. 原因分析

(1)建设年代久远。我国小型水库大多建于20世纪50—70年代,90%以上坝高低于30 m,土石坝占93%,主要由当地农民投工投劳修建。建设时还没有出台小型水库水雨情测报相关规程规范,另外当时水利工程专业人才不多,很多工程边施工、边勘测、边设计,建设标准偏低、设施设备设置不足。

(2)风险意识不足,存在麻痹思想。部分水库管理单位和主管部门认为小型水库集水面积小、上游来水少,加之一些地区水库多年未发生重大险情,存在麻痹思想和侥幸心理。对小型水库工程不够重视,对水库运行潜在的风险隐患认识不足,日常关注不多,管理简单粗放,对水雨情测报等小型水库运行管理规范掌握不到位。

(3)资金保障不足,维修养护不到位。中央虽然每年下拨专项经费用于全国小型水库维修养护,但从实际情况来看,这部分资金不足以满足小型水库安全运行管护的需要。部分小型水库原设置有水雨情测报设备,但在长年使用过程中缺乏有效维护,发生故障损坏,拆除后未能及时恢复。

(4)地方配套经费不到位,除险加固未按设计实施。小型水库除险加固项目资金包含中央资金和地方配套资金,其中中央资金到位及时,地方配套资金很难及时足额到位,导致小型水库除险加固工作很难按照设计方案完成所有内容。有些水库受资金限制优先对重要建筑物进行除险加固处理,水库管理用房、上坝公路、水雨情监测设施等工程未按设计要求完成,或者未按照原设计施工,或者变更设计,降低了防洪能力。

3. 造成后果

小型水库未设置水雨情测报设备可能造成的后果主要包括以下几点:

(1)增加小型水库运行安全风险,危及周边地区安全。没有水雨情测报设备,水库管理人员无法实时掌握水库的水位和降水量变化,这增加了水库发生安全事故的风险。例如,在暴雨来临时,无法及时预警和调控水位,可能导致水库垮坝等严重事故。同时,小型水库通常位于乡村或城郊地区,其安全状况直接关系到周边居民和农田的安全,未设置水雨情测报设备可能使得水库在面临极端天气时无法及时应对,从而危及周边地区的安全。

(2)小型水库防洪抗旱能力下降。水雨情测报设备对于防洪和抗旱工作至关重要,缺乏这些设备,相关部门无法准确预测和判断洪水或干旱的形势,从而难以做出科学调度小型水库等有效的应对措施,这可能导致洪涝灾害或旱灾的损失加重。

(3)地区水资源管理效率低下。在小型水库较多的地区,如果没有准确的水雨情数据支持,水资源管理将变得盲目和低效,管理人员无法根据实际情况进行合理调度和水资源分配,可能导致水资源的浪费或短缺。

(4)影响决策的科学性和有效性。水雨情测报设备提供的数据是制定科学决策的重要依据,缺乏这些数据,政府部门在制定水利政策、规划水资源利用等方面将失去重要参考,可能影响决策的科学性和有效性。

综上所述,小型水库未设置水雨情测报设备将严重影响水库的安全运行和周边地区的安全保障,降低防洪抗旱能力,并可能导致水资源管理的低效和决策的失误。因此,为了保障水库及周边地区的安全,提高水资源管理效率,必须重视并加强水雨情测报设备的建设工作。

4. 规范要求

1)《水库大坝安全管理条例》

第二十四条 大坝管理单位和有关部门应当做好防汛抢险物料的准备和气象水情预报,并保证水情传递、报警以及大坝管理单位与大坝主管部门、上级防汛指挥机构之间联系通畅。

2)《国务院办公厅关于切实加强水库除险加固和运行管护工作的通知》(国办发〔2021〕8号)

加快建设水库雨水情测报、大坝安全监测等设施,健全水库安全运行监测系统,加强分析研判,及时发布预警信息。

3)《小型水库监测技术规范》(SL/T 828—2024)

(1)坝址区应设置不少于1个降水量观测点,库区集雨面积内降水量观测点数量宜按SL/T 34的规定设置。

(2)小型水库应设置不少于1个库水位自动测报点和1组人工观测水尺。

(3)库水位测报设备宜根据现场条件选择浮子式、雷达式、压力式等类型观测仪器。

(4)水尺应根据现场条件优先选用直立式水尺,当直立式水尺设置或观读有困难时,可选用倾斜式水尺或矮桩式水尺。

4)《土石坝安全监测技术规范》(SL/T 551—2024)

(1)蓄水前应在坝前设置不少于一处永久监测设施。水位观测应采用水尺、遥测水位计等监测，同时可采用视频监视的方法监测。

（2）坝区应至少设置一处降水量观测点。降水量观测可采用翻斗式雨量计、虹吸式雨量计、称重式雨量计等仪器设备。

5）《混凝土坝安全监测技术规范》（SL 601—2013）

（1）水库蓄水前应完成水位观测永久测点设置。观测设备宜采用水尺观测或自记水位计。有条件时，可设遥测水位计。

（2）坝址附近应至少设置1个降水量观测点，应在蓄水前完成测点布置。

（3）坝区降水量观测设备应采用雨量器，有条件时可用遥测雨量计。

5. 改进措施

（1）部分水库建设年代久远，受当时条件限制，存在前期工作粗浅、防洪标准低、工程设施不全等先天不足，加之后期投入不足、年久失修，水库多年来无法发挥工程效益，已经成为水库主管部门的一大负担。宜根据相关标准对此类已经无法发挥效益的水库进行降等或报废论证，对仍能够发挥效益的水库及早进行除险加固。

（2）督促并带动水库管理单位和主管部门大力开展自查自纠，积极开展小型水库安全运行标准化管理建设，积极开展培训教育工作，确保各地有队伍、有能力查找问题和不足，进一步压紧压实责任，强化"红线意识"和坚持"底线思维"，杜绝麻痹思想和侥幸心理，确保正常运行小型水库不出险，在充分发挥效益的同时，全力保障水库下游人民群众生命财产安全。

（3）充分发挥中央补助资金的撬动作用，督促地方建立起运行管理经费补助机制、安全鉴定和除险加固滚动运行长效机制，确保小型水库在安全鉴定后能够按时除险加固，运行管理经费和维修养护工作落实到位，确保管理用房、上坝公路、水雨情监测设施等附属设施能够按照除险加固设计要求完成。

典型问题5 设置的雨水情测报设备不满足观测需要

1. 问题现象

（1）某水库设置的水尺测读水位时未延伸至死水位，且水尺刻度缺失、不规范，无法测读当前水位，不满足观测需要，如图3-7所示。

图3-7

(2)某水库设置的水尺刻度不规范，无法准确读取水位数据，不满足观测需要，如图3-8所示。

图3-8

(3)某水库设置的水尺倾斜，无法准确读取水位数据，不满足观测需要，如图3-9所示。

图3-9

(4)某水库设置的水尺刻度老化剥蚀，无法读取水位数据，不满足观测需要，如图3-10所示。

2. 原因分析

(1)基层管理能力薄弱，安全意识淡薄。当前小型水库管理人员普遍存在学历低、业务差、管理和责任意识不强等问题，相当一部分管理人员对水雨情测报等工作规程规范不了解，对要开展哪些工作和怎么开展工作不清楚，发现问题不知如何应对，导致小型水库长期处于低水平管理。

(2)日常管护不到位，管护制度不健全。目前，部分地区开始探索实施小型水库的物业化管理或标准化管理工作，由地方政府和水利部门调拨资金，与物业公司或当地村委会签订协议，按片区统一管理小型水库。但是，小型水库仍存在管理水平不一、缺少统一的

图 3-10

管养标准和考核评价体系等问题，管护人员的培训程度和履职能力也参差不齐，配套制度和保障体系仍不够健全完善，如水雨情测报设备不满足观测需求等问题常常不能及时处理解决。

(3)维修养护经费投入不足，设备老化损坏。中央虽然每年下拨专项经费用于全国小型水库维修养护，但从实际情况来看，这部分资金不足以满足小型水库安全运行管护的需要。除必要的除草、修补外，水雨情测报设备定期维护更新等均需要地方财政配套资金。由于小型水库较难发挥经济效益，部分地方政府财政紧张，不愿将资金投入小型水库的运行维护中，水库在运行管理、维修养护等方面面临资金压力。工程维修资金申请困难，病险处理周期较长，很多设备老化损坏无法及时得到修复。

3. 造成后果

小型水库设置的水雨情测报设备不满足观测需要可能造成的后果主要包括以下几点：

(1)数据无法准确采集。未按照规范要求设置小型水库的水雨情测报设备，或是水雨情测报设备性能不足或老化将导致水雨情数据收集不准确，出现误差或遗漏，这将直接影响水库管理人员对实际情况的判断，可能导致错误的决策。

(2)无法及时预警。若水雨情测报设备不能满足快速响应的需求，如在暴雨等极端天气条件下，无法及时发出预警信号，这将极大延长管理人员采取紧急措施的时间，增加水库发生安全事故的风险。

(3)政府部门公信力下降。不准确或不及时的水雨情信息可能导致公众对水利等政府部门的信任度下降。在紧急情况下，这种信任的缺失可能引发恐慌和混乱，不利于应急响应措施的有效实施。

(4)水资源管理混乱。准确的水雨情数据是水资源管理的基础，若水雨情测报设备观测能力不足，管理人员将无法有效监控和调配水资源，可能导致水库蓄水过多或过少，影响供水安全和灌溉需求。

(5)增加维护成本。不满足观测需要的设备往往需要更频繁的维修和更换，这不仅增加了维护成本,还可能因维修期间的数据缺失而影响水库的正常运行。

综上所述,小型水库设置的水雨情测报设备若不满足观测需要,将带来多方面的严重后果。为了确保水库的安全运行和周边地区的安全,必须投入足够的资源来维护和更新这些关键设备。

4. 规范要求

1)《水库大坝安全管理条例》

第二十四条 大坝管理单位和有关部门应当做好防汛抢险物料的准备和气象水情预报,并保证水情传递、报警以及大坝管理单位与大坝主管部门、上级防汛指挥机构之间联系通畅。

2)《国务院办公厅关于切实加强水库除险加固和运行管护工作的通知》(国办发〔2021〕8号)

加快建设水库雨水情测报、大坝安全监测等设施,健全水库安全运行监测系统,加强分析研判,及时发布预警信息。

3)《小型水库监测技术规范》(SL/T 828—2024)

降水量观测点布设应符合下列规定:

(1)降水量观测点应避开强风区,周围应空旷、平坦,不受突变地形、树木和建筑物的影响。

(2)雨量计(器)至障碍物边缘的距离应大于障碍物顶部与承雨器口高差的2倍。

(3)库水位测点应设置在坝前不受风浪和泄流影响,且便于安装和观测的岸坡或永久性建筑物上。

(4)库水位测报应能测记坝顶至死水位之间的水位。

(5)水尺应沿大坝上游坝面或近坝稳定岸坡布设,避开溢洪道、泄洪洞、输水洞进水口等受泄洪水流影响的位置。

4)《土石坝安全监测技术规范》(SL/T 551—2024)

(1)库水位监测设施宜设置在下列位置:①水面平稳、受风浪和泄流影响较小、便于安装设备和观测的地点;②岸坡稳固处或永久性建筑物上;③能代表坝前平稳水位的地点。

(2)降水量观测场地应选择比较开阔和风力较弱的地点,障碍物与观测仪器的距离不应少于障碍物与仪器口高差的2倍。

5)《混凝土坝安全监测技术规范》(SL 601—2013)

(1)水位观测测点设置应符合下列要求:①测点应设在坝前水流平稳、受风浪和泄水影响较小、设备安装与观测方便处;②测点应设在稳固的岸坡或永久性建筑物上。

(2)降水量观测场地应在比较开阔和风力较弱的地点设置,障碍物与观测仪器的距离不应小于障碍物与仪器口高差的2倍。在降水倾斜下降时,四周地形或物体应不影响降水落入观测仪器内。

5. 改进措施

(1)加强小型水库管理人员业务培训,关键岗位持证上岗,管理人员掌握水利工程基本业务知识、管理规章制度和岗位职责,做到专业熟悉、标准熟知、操作熟练,当水雨情测报设备不满足观测需要时能及时发现并整改。规范实施工程巡视检查、安全监测、维修养护等日常管理活动，强化日常工作的精细化、流程化和溯源化，做到巡测规范、记录标准、维护及时。

（2）在运行管理方面，建议各地区积极创新管护机制，对分散管理的小型水库探索实行区域集中管护、政府购买服务、“以大带小”等管护模式。同时，建议主管部门结合小型水库运行管理工作特点和实际，出台约束和考核社会化管护主体的规范性文件，明确统一的管护标准，通过设置行业标准，设立准入门槛，实施资格认证等举措高效利用维修养护资金，以解决当前基层小型水库管护专业水平低、技术能力不足等问题。

（3）水利部积极争取安排中央财政补助资金专项用于小型水库管护工作，各地应按照《水利发展资金管理办法》（财农〔2022〕81号）的要求，管好用好管护资金，同时要因地制宜，积极争取地方财政加大对小型水库管理经费的支持力度，将管理经费纳入财政预算，推进管护经费全面落实，保障水库水雨情测报等设施设备维护及时到位，确保水库效益发挥。

典型问题6　缺乏有效的通信（报警）手段

1. 问题现象

（1）巡查、技术等责任人对小型水库水雨情特征值了解不足，当监测数据异常时，不能识别险情并及时预报预警。

（2）小型水库通信条件不满足运行管理和防汛抢险需求。

（3）小型水库雨水情测报信息未接入信息化平台实现动态管理，当监测数据异常时，不能自动识别险情并及时预报预警。

2. 原因分析

（1）部分小型水库所处地区较为偏远，通信不畅，雨水情测报数据难以传输。

（2）近年来，极端暴雨天气逐渐增多，仅依靠公网通信易发生通信中断，导致雨水情信息无法及时有效地传递和接收。

（3）部分地区小型水库的信息化应用程度不高，上级水行政主管部门开发的信息平台系统的使用发挥不充分，App应用软件的日活率不高，水库本身也缺乏自动监测设备等硬件配置。

3. 造成后果

小型水库缺乏有效的通信或报警手段可能造成的后果主要包括以下几点：

（1）延缓应急响应速度，贻误险情处置时机。在遭遇极端天气等紧急情况下，快速的应急响应是至关重要的。然而，如果小型水库通信不畅或报警手段缺失，无法及时传递水雨情信息，将严重影响应急响应的速度和效果。当小型水库出现险情时，如不能及时通过有效的通信手段将信息传递给相关管理部门，将导致处置行动延迟。

（2）加剧灾情。缺乏有效的通信或报警手段意味着在紧急情况下无法迅速通知小型水库下游居民撤离，从而可能导致人员伤亡和财产损失。

（3）浪费人力资源。在没有有效的通信或报警手段的情况下，可能需要派遣更多的人员进行实地巡查以获取水库状态信息，这不仅增加了人力成本，还可能因信息不及时或不准确而造成资源的浪费。

(4)降低公众安全感。对于居住在小型水库周边的居民来说,知道在紧急情况下可以依赖有效的通信和报警手段是提升安全感的重要因素,如果缺乏这些手段,居民可能会感到不安和担忧。

综上所述,小型水库缺乏有效的通信或报警手段将带来严重的后果。因此,为了保障水库的安全运行和周边居民的生命财产安全,必须重视并加强通信和报警系统的建设与维护工作。

4. 规范要求

1)《水库大坝安全管理条例》

第二十四条 大坝管理单位和有关部门应当做好防汛抢险物料的准备和气象水情预报,并保证水情传递、报警以及大坝管理单位与大坝主管部门、上级防汛指挥机构之间联系通畅。

2)《小型水库安全管理办法》(水安监〔2010〕200号)

第十八条 小型水库应配备必要的通信设施,满足汛期报汛或紧急情况下报警的要求。对重要小型水库应具备两种以上的有效通信手段,其他小型水库应具备一种以上的有效通信手段。

3)《国务院办公厅关于切实加强水库除险加固和运行管护工作的通知》(国办发〔2021〕8号)

积极推广应用第五代移动通信(5G)、大数据、人工智能等信息技术,促进系统融合、信息共享,为水库安全运行提供技术支撑。

4)《小型病险水库除险加固项目管理办法》

增强极端气候条件下的信息报送和预警发布、水库大坝险情防范处置能力。

5)《小型水库雨水情测报和大坝安全监测设施建设与运行管理办法》

应根据需要配置卫星应急通信设备,保障极端气候条件下的信息报送和预警发布能力。

6)《小型水库监测技术规范》(SL/T 828—2024)

(1)小型水库应设置水库监测站,将监测信息汇集至市县级及以上监测平台。

(2)根据管理工作的需要,小型水库可设置水库监测中心站,采用水库监测站、水库监测中心站和监测平台的三级体系结构进行数据汇集。

(3)水库监测站宜具备监测信息采集、存储、编码、传输等主要功能,并具备一站多发功能。

(4)水库监测中心站宜具备信息采集接收、信息存储、资料整编、异常报警、故障显示及监测设施管理等功能。

(5)雨水情测报站主要包括水位/雨量传感器、RTU、通信设备和供电设备等。

(6)监测平台应由数据库、业务应用系统和运行支撑环境组成,并具有网络安全保护措施和数据共享能力。

(7)监测平台应构建相应数据库,用于存储水库雨水情测报、大坝安全监测、视频图像、运行维护等信息,并关联水利信息化资源的水库基础信息。

(8)业务应用系统宜设置数据接收、数据处理、数据存储、资料整编、分析应用、信息管理、信息展示、预警提醒、数据统计、系统管理、用户管理等模块。

(9)预警提醒模块宜具有超汛限水位、降水量等级、历史极值、仪器量程、拟定指标等警戒值分级预警功能,通过监测平台自动或人工发布预警提醒至不同级别用户和可能受影响群体。具备警戒值联动预警广播功能。

(10)通信与信息传输设施应准确、及时、可靠地传输水库雨水情测报、大坝安全监测、视频图像、设备状态等信息。

5. 改进措施

(1)加大基础设施建设。为了方便对边远山区小型水库的管护工作,保障水库情况传递的及时性,在发现险情时能尽快传递消息,应当筹措资金强化库区周围通信线路的建设,根据需要配置卫星应急通信设备。

(2)深化北斗卫星导航系统推广应用,大力应用包括北斗技术在内的信息化、数字化、智能化技术进行雨水情测报,提高水库大坝安全监测预警和风险防范能力。

(3)提高小型水库信息化应用程度,充分整合运用已开发的信息平台系统,加大 App 应用软件使用培训,强化信息系统运行维护,增加水库自动监测设备,并将监测数据接入平台。

3.2 水库调度运用方案(调度计划)

典型问题 7 水库调度运用方案(调度计划)可操作性差

1. 问题现象

(1)某水库调度运用方案未结合水库基本情况编制,可操作性不强,如图 3-11 所示。

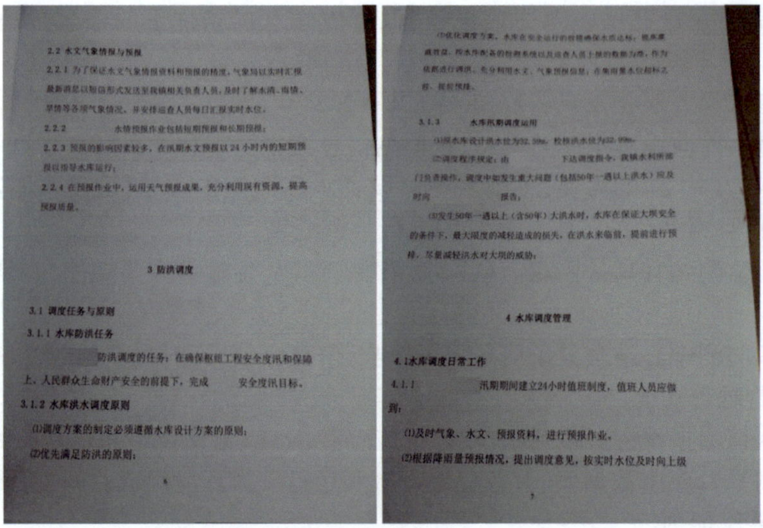
2.2 水文气象情报与预报

2.2.1 为了保证水文气象情报资料和预报的精度,气象局以实时汇报最新消息以短信形式发送至我镇相关负责人员,及时了解水情、雨情、旱情等各项气象情况,并安排巡查人员每日汇报实时水位。

2.2.2 水情预报作业包括短期预报和长期预报;

2.2.3 预报的影响因素较多,在汛期水文预报以 24 小时内的短期预报以指导水库运行;

2.2.4 在预报作业中,运用天气预报成果,充分利用现有资源,提高预报质量。

3 防洪调度

3.1 调度任务与原则

3.1.1 水库防洪任务

防洪调度的任务:在确保枢纽工程安全度汛和保障上、人民群众生命财产安全的前提下,完成 安全度汛目标。

3.1.2 水库洪水调度原则

(1)调度方案的制定必须遵循水库设计方案的原则;

(2)优先满足防洪的原则;

6

(3)优化调度方案,水库在安全运行的前提下确保水质达标,提高库蓄……,按水库配备的检测系统以及巡查人员上报的数据为准,作为依据进行调洪,充分利用水文、气象预报信息,在集雨量水位超标之前,提前预排。

3.1.3 水库汛期调度运用

(1)该水库设计洪水位为32.59m,校核洪水位为32.99m。

(2)调度程序规定:由 下达调度指令,我镇水利所部门负责操作,调度中如发生重大问题(包括50年一遇以上洪水)应及时向 报告;

(3)发生50年一遇以上(含50年)大洪水时,水库在保证大坝安全的条件下,最大限度的减轻造成的损失,在洪水来临前,提前进行预排,尽量减轻洪水对大坝的威胁;

4 水库调度管理

4.1水库调度日常工作

4.1.1 汛期期间建立24小时值班制度,值班人员应做到:

(1)及时气象、水文、预报资料,进行预报作业。

(2)根据降雨量预报情况,提出调度意见,按实时水位及时向上级

7

图 3-11

(2)某水库调度运用方案缺少具体调度运用方式,可操作性不强,如图 3-12 所示。

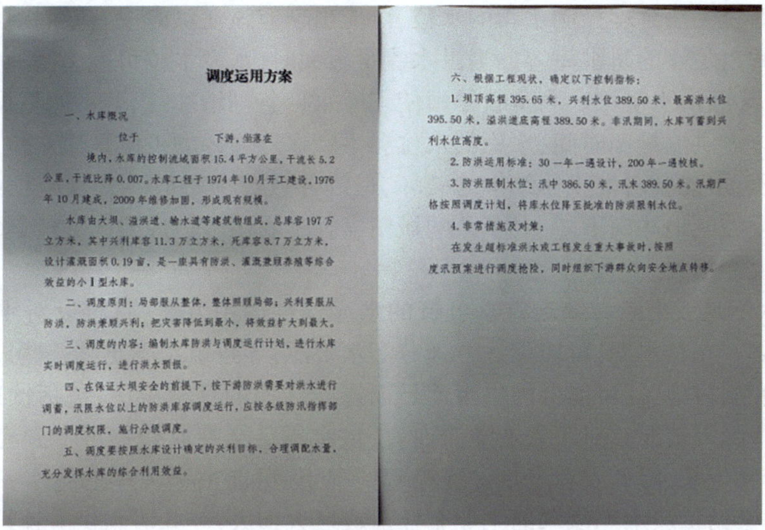

调度运用方案

一、水库概况

位于　　　　　　　　下游，坐落在

境内，水库的控制流域面积15.4平方公里，干流长5.2公里，干流比降0.007。水库工程于1974年10月开工建设，1976年10月建成，2009年维修加固，形成现有规模。

水库由大坝、溢洪道、输水道等建筑物组成，总库容197万立方米，其中兴利库容11.3万立方米，死库容8.7万立方米，设计灌溉面积0.19亩，是一座具有防洪、灌溉兼顾养殖等综合效益的小Ⅰ型水库。

二、调度原则：局部服从整体，整体照顾局部；兴利要服从防洪，防洪兼顾兴利；把灾害降低到最小，将效益扩大到最大。

三、调度的内容：编制水库防洪与调度运行计划，进行水库实时调度运行，进行洪水预报。

四、在保证大坝安全的前提下，按下游防洪需要对洪水进行调蓄，汛限水位以上的防洪库容调度运行，应按各级防汛指挥部门的调度权限，施行分级调度。

五、调度要按照水库设计确定的兴利目标，合理调配水量，充分发挥水库的综合利用效益。

六、根据工程现状，确定以下控制指标：

1. 坝顶高程395.65米，兴利水位389.50米，最高洪水位395.50米，溢洪道底高程389.50米。非汛期间，水库可蓄到兴利水位高度。

2. 防洪运用标准：30一年一遇设计，200年一遇校核。

3. 防洪限制水位：汛中386.50米，汛末389.50米。汛期严格按照调度计划，将库水位降至批准的防洪限制水位。

4. 非常措施及对策：

在发生超标准洪水或工程发生重大事故时，按照

度汛预案进行调度抢险，同时组织下游群众向安全地点转移。

图 3-12

2. 原因分析

(1)历史遗留问题。有些小型水库建设年代较早，当时的建设标准和管理要求较低，没有按要求编制调度运用方案。后期虽然管理要求逐步提高，但由于历史惯性和改造难度较大，一直没有补上编制方案这一环节。早期的水库资料可能不完整，如缺少详细的地质勘探资料、原始设计图纸等，这也给编制调度运用方案带来很大困难。

(2)重视程度不足。部分小型水库的管理单位或人员对水库调度运用方案的重要性认识不够。他们认为小型水库库容小、影响范围有限，没有意识到即使是小型水库在防洪、供水和生态等方面也起着关键作用。一些农村地区的小型水库主要用于简单的农田灌溉，管理人员认为只要能在灌溉季节有水可用就行，忽视了洪水期可能带来的风险以及对生态环境的潜在影响。

(3)专业知识缺乏。水库调度运用方案的编制需要水工、水文等多方面的专业知识。部分小型水库的管理人员未接受系统的专业培训，不了解如何根据水库的特性(如库容曲线、泄洪设施能力等)、流域水文情况(如降雨规律、来水过程等)以及下游的需求(如防洪要求、用水需求等)来编制科学合理的调度方案，缺乏诸如洪水演算、水资源平衡分析等专业技能，不知道从何处着手编制方案。

(4)资金不足。编制调度运用方案需要一定的资金支持，包括收集水文气象数据、进行实地勘察测量、聘请专业技术人员或者咨询机构等费用。对于一些小型水库来说，尤其是经济相对落后地区的小型水库，可能没有足够的资金来开展这些工作。

(5)管理不规范。部分水库管理单位和主管部门对调度运用方案编制和批复的要求掌握不足，管理体制也较为混乱，没有明确的责任主体和管理流程。

3. 造成后果

编制的调度运用方案可操作性不强，将使得水库日常运用无据可循，水库管理人员不能科学准确地对水库进行调度运用，对防洪、供水和水生态均造成一定影响。

(1)不能及时泄洪，增加洪水漫坝、溃坝风险。缺乏科学可行的水库调度运用方案，

在洪水来临时将无法合理控制水库的水位,可能出现应该泄洪时没有及时泄洪的情况,不能提前预泄腾出足够的防洪库容。当洪水流量较大时,水库水位可能会快速上涨,直至超过坝顶高程,导致洪水漫坝。当持续暴雨使入库水量急剧增加时,若不能根据水库的实际情况合理安排泄洪流量和时间,水库的水位会不断逼近坝体的极限承载水位,坝体长期承受过高的水压,可能会引发坝体结构的破坏,最终导致溃坝事故。一旦漫坝或溃坝,大量的洪水将不受控制地冲向下游,对下游的城镇、村庄、农田等造成毁灭性的破坏,造成大量人员伤亡和财产损失。

(2)供水不足或中断。缺乏科学可行的水库调度运用方案,就难以对水库的水资源进行有效规划。在枯水期,可能无法合理分配水资源,导致供水不足。一些以水库为主要水源的城镇和农村地区,可能会因供水不足而影响居民的日常生活,包括饮用水短缺、生活用水无法保障等情况。对于农业灌溉而言,供水不足会使农作物得不到充足的灌溉用水,影响农作物生长,降低农业产量。在极端情况下,可能由于无序的用水安排而供水完全中断,这也会给依赖水库供水的工业企业造成巨大损失,一些对水供应连续性要求较高的工业生产过程可能不得不停产,带来经济损失。

(3)下游生态环境破坏。因缺乏科学可行的水库调度运用方案使得水库运用不合理对下游生态系统产生负面影响。突然的大流量放水或者长时间不放水,会改变下游河道的生态流量。对于河流中的水生生物来说,生态流量的改变可能导致它们的栖息地被破坏。一些鱼类可能因为水流、水温等水生环境的突然变化而无法正常繁殖、生存,导致鱼类种群数量减少。同时,下游的河岸带生态系统也会受到影响。正常情况下,河岸带的植被依赖河水的周期性涨落来维持其生长环境,无序的水库放水可能破坏这种周期性涨落,使河岸带植被退化,进而影响到以此为栖息地的鸟类和其他野生动物,破坏整个生态链。

4. 规范要求

1)《小型水库安全管理办法》(水安监〔2010〕200 号)

第二十一条 水库主管部门(或业主)应根据水库情况编制调度运用方案,按有关规定报批并严格执行。

2)《水库调度规程编制导则》(SL 706—2015)

(1)水库调度规程是水库调度运用的依据性文件,应明确调度任务,提高水库调度的计划性和预见性。各项调度的主要内容应包括调度任务与原则、调度条件与调度依据、调度方式等。水库调度规程内容可根据水库承担的任务或特殊需要相应增减。

(2)编制水库调度规程应收集与水库调度有关的自然地理、水文气象、社会经济、工程情况及各部门对水库调度的要求等基本资料,并对收集的资料进行可靠性分析和合理性检查。

(3)水库调度规程宜由水库主管部门或水库运行管理单位组织编制。水库主管部门或水库运行管理单位可自行编制或委托有相应资质的单位编制。

(4)水库调度规程应按管辖权限由县级以上水行政主管部门审批。调度运行涉及两个或两个以上行政区域的水库,应由上一级水行政主管部门或流域机构审批。水库汛期调度运行计划应由有调度权限的防汛抗旱指挥部门审批。

5. 改进措施

(1)历史资料整理与更新。针对有历史遗留问题的小型水库,开展历史资料的整理工作,组织专门的档案整理小组,收集和梳理早期的水库建设资料,如设计图纸、施工记录、地质勘探报告等。如果资料缺失严重,可以通过现场勘测、走访当年的建设者等方式进行补充。根据水库的现状和最新的技术要求,对整理后的资料进行更新和完善,为编制科学合理的调度运用方案提供可靠的基础数据。

(2)加强宣传教育。水行政主管部门可以通过组织培训、召开会议、发放宣传资料等多种方式,向小型水库管理单位与人员宣传水库调度运用方案的重要性。例如,开展专题培训讲座,详细讲解水库调度不当可能引发的洪水漫坝、溃坝、供水危机和生态破坏等严重后果,同时介绍科学调度带来的防洪、供水和生态等方面的效益。

(3)专业知识培训。定期举办针对小型水库管理人员的专业培训班,培训内容包括水利学、水文学、水库调度等基础知识。邀请专家讲解水库调度运用方案的编制方法和流程,并进行实际的案例分析,让管理人员能够掌握编制方案的基本技能。

(4)资金筹集与支持。政府应加大对小型水库调度运用方案编制的资金支持力度,可以设立专项财政资金,用于补贴小型水库编制方案的费用。鼓励社会资本参与,通过政策引导,允许企业或社会组织通过捐赠、投资等方式参与小型水库调度运用方案的编制工作。

(5)完善管理制度。制定详细的管理流程,规范方案编制的各个环节,包括前期的资料收集、方案起草、专家评审、批准实施以及后期的修订完善等步骤,确保每个环节都有明确的要求和时间节点。

3.3 水库大坝安全管理(防汛)应急预案

典型问题8 安全管理(防汛)应急预案可操作性差或未进行演练

1. 问题现象

(1)某水库大坝安全管理(防汛)应急预案中转移路线图过于简单,可操作性不强,如图3-13所示。

(2)某水库大坝安全管理(防汛)应急预案中设计洪水下泄流量为789 m^3/s,校核洪水下泄流量为10.52 m^3/s,数据存在明显错误,可操作性不强,如图3-14所示。

(3)某水库未按要求对小型水库大坝安全管理(防汛)应急预案进行演练。

2. 原因分析

(1)安全意识淡薄、存在侥幸心理。部分小型水库管理单位或人员对大坝安全管理的重要性认识不足,未充分意识到洪水等灾害对水库大坝安全的巨大威胁,认为小型水库规模小,出现问题的可能性低,从而忽视了应急预案的编制。一些农村地区的小型灌溉水库,管理人员多为当地村民,缺乏专业的水利安全知识培训,认为只要水库能正常蓄水灌溉就行,未考虑极端降雨等情况可能引发的溃坝风险。一些管理人员存在侥幸心理,认为自己管理的水库不会轻易发生灾害,这种心理导致他们不愿意投入时间和精力去制定和

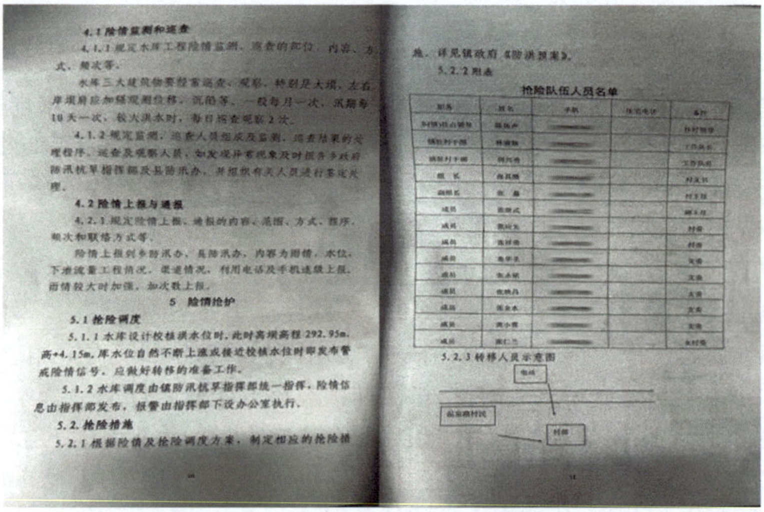

4.1 险情监测和巡查

4.1.1 规定水库工程险情监测、巡查的部位、内容、方式、频次等。

水库三大建筑物要经常巡查、观察，特别是大坝，左右岸坝肩应加强观测位移、沉陷等，一般每月一次，汛期每10天一次，较大洪水时，每日巡查观察2次。

4.1.2 规定监测、巡查人员组成及监测、巡查结果的处理程序。巡查及观察人员，如发现异常现象及时报告乡政府防汛抗旱指挥部及县防汛办，并组织有关人员进行鉴定处理。

4.2 险情上报与通报

4.2.1 规定险情上报、通报的内容、范围、方式、程序、频次和联络方式等。

险情上报到乡防汛办、县防汛办，内容为雨情、水位、下泄流量工程情况、渠道情况，利用电话及手机逐级上报，雨情较大时加强，加次数上报。

5 险情抢护

5.1 抢险调度

5.1.1 水库设计校核洪水位时，此时高坝高程292.95m，高+4.15m，库水位自然不断上涨或接近校核水位时即发布警戒险情信号，应做好转移的准备工作。

5.1.2 水库调度由镇防汛抗旱指挥部统一指挥，险情信息由指挥部发布，报警由指挥部下设办公室执行。

5.2. 抢险措施

5.2.1 根据险情及抢险调度方案，制定相应的抢险措施，详见镇政府《防洪预案》。

5.2.2 附表

抢险队伍人员名单

职务	姓名	手机	住宅电话	备注
[illegible]	[illegible]	[illegible]		[illegible]
[illegible]	[illegible]	[illegible]		[illegible]
[illegible]	[illegible]	[illegible]		[illegible]
组长	[illegible]	[illegible]		[illegible]
副组长	[illegible]	[illegible]		[illegible]
成员	[illegible]	[illegible]		[illegible]
成员	[illegible]	[illegible]		[illegible]
成员	[illegible]	[illegible]		[illegible]
成员	[illegible]	[illegible]		[illegible]
成员	[illegible]	[illegible]		[illegible]
成员	[illegible]	[illegible]		[illegible]
成员	[illegible]	[illegible]		[illegible]
成员	[illegible]	[illegible]		[illegible]
成员	[illegible]	[illegible]		[illegible]

5.2.3 转移人员示意图

图 3-13

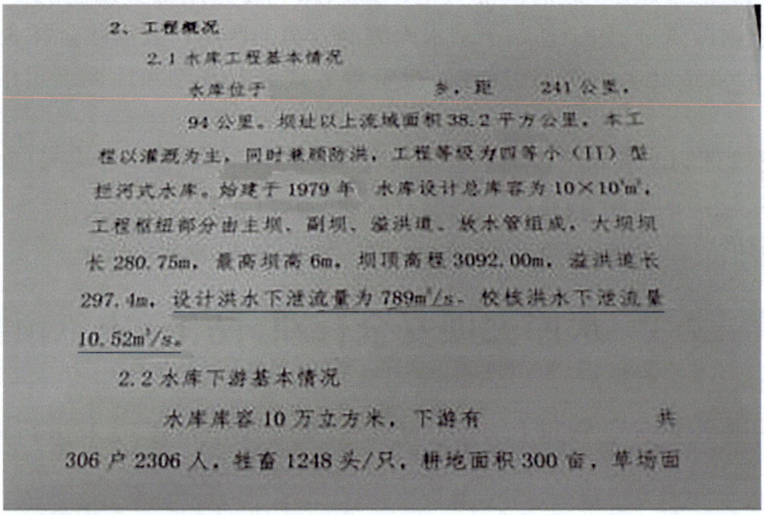

2、工程概况

2.1 水库工程基本情况

水库位于 乡，距 241公里，

94公里。坝址以上流域面积38.2平方公里，本工程以灌溉为主，同时兼顾防洪，工程等级为四等小（II）型拦河式水库。始建于1979年 水库设计总库容为$10 \times 10^4 m^3$，工程枢纽部分由主坝、副坝、溢洪道、放水管组成，大坝坝长280.75m，最高坝高6m，坝顶高程3092.00m，溢洪道长297.4m，设计洪水下泄流量为$789 m^3/s$，校核洪水下泄流量$10.52 m^3/s$。

2.2 水库下游基本情况

水库库容10万立方米，下游有 共306户2306人，牲畜1248头/只，耕地面积300亩，草场面

图 3-14

完善应急预案。某些地区多年来未发生过严重的洪涝灾害，水库管理人员就会想当然地认为以后也不会发生，对应急预案的编制工作能拖则拖。部分小型水库管理单位和人员也没有充分认识到应急预案演练的重要性，忽视了演练对于检验和完善应急预案、提升应急响应能力的关键作用。

(2)管理职责不明确，制度不完善。在一些小型水库的管理中，存在多个部门或单位职责交叉、界限模糊的情况，这导致在应急预案编制过程中，容易出现互相推诿的现象。部分地区缺乏完善的应急预案编制、审核和更新制度，无明确的要求和监督机制，小型水库应急预案的编制工作就难以得到有效落实。

(3)专业知识欠缺，技术指导不足。编制高质量的水库大坝安全管理（防汛）应急预案需要水利工程、水文地质、灾害评估等多方面的专业知识。然而，小型水库的管理单位往往缺乏这些专业人才。很多小型水库管理人员可能只有简单的水利设施操作经验，对

于洪水演算、溃坝分析等复杂的技术内容一知半解，难以编制出科学合理的应急预案。组织一场有效的应急预案演练需要具备一定的专业知识，包括演练方案的设计、演练场景的设置、演练效果的评估等，小型水库管理团队可能缺乏这些专业技术能力。上级水行政主管部门也没有为小型水库应急预案编制提供足够的技术指导，没有及时将最新的应急预案编制规范和技术方法传递给水库管理单位和人员，也没有对预案演练提供足够的技术指导和支持。

(4)数据缺失、资金不足。准确的水文、地质等数据是编制可操作性强的应急预案的基础。但小型水库可能由于监测设备简陋、历史数据保存不完善等因素，无法获取足够的数据，无法为应急预案中的洪水调度、大坝安全评估等环节提供准确的数据支持。编制和完善应急预案需要资金支持，包括开展风险评估、购买相关技术资料、聘请专家等费用，应急预案演练也需要一定的资金支持，包括演练物资的购置、参演人员的补贴等，小型水库通常资金有限，难以承担这些开支。

(5)演练部门协调困难，社会参与度低。小型水库的应急演练可能涉及多个部门，如水利部门、应急管理部门、消防部门、医疗部门等，各部门之间在沟通协调上可能存在困难，导致演练难以开展。在动员社会力量参与演练方面存在问题，没有建立有效的机制让周边居民、志愿者等参与到演练中来，使得演练缺乏实战性和广泛性。周边居民如果不参与，就无法检验在真实灾害发生时水库管理单位与社会公众之间的应急沟通和协同处置能力。

3. 造成后果

1)小型水库大坝安全管理(防汛)应急预案未按有关规定报备、可操作性差可能造成的后果

(1)增加洪水漫坝和溃坝风险，加剧人员伤亡和财产损失。没有科学合理的应急预案作为指导，当暴雨等极端天气导致水库水位快速上升时，无法及时采取有效的应急处置措施。小型水库库容较小，水位上涨速度可能很快，容易出现洪水漫坝的情况，一旦漫坝，水流会对坝体产生冲刷，削弱坝体结构，进而可能导致溃坝。溃坝后，大量的洪水会在短时间内向下游倾泻，下游的村庄、农田和基础设施等会遭受毁灭性的洪水冲击，造成人员伤亡和巨大的财产损失。

(2)安全隐患无法及时处理，延误抢险救灾时机。当小型水库大坝出现裂缝、渗漏等安全隐患时，没有科学合理的应急预案作为指导，没有明确的安全隐患发现、报告和处理流程，水库运行管理人员不能采取有效措施监测隐患发展状态并及时消除隐患或险情。例如，当大坝出现裂缝时，如果没有预案规定裂缝监测的频率和抢险标准，裂缝可能会不断扩大，最终导致大坝结构失稳；当大坝出现渗漏时，没有预案指导抢险队伍的组织和抢险物资的调配，渗漏可能会迅速发展，使大坝内部的土体被淘空，增加大坝坍塌的风险。

(3)信息传递混乱。没有科学合理的应急预案规范信息传递渠道和方式，在水库大坝出现安全问题时，无法及时、准确地将险情信息传递给周边居民、相关管理部门和救援队伍。当水库管理人员发现大坝有危险迹象后，不知道应该向哪些部门报告，也没有统一的信息发布平台告知居民危险情况，这可能导致居民在不知情的情况下没有及时撤离危险区域，或者救援队伍不能第一时间到达现场进行抢险和救援。

(4)资源调配无序。小型水库抢险救灾需要多种资源,如沙袋、石料、抢险工具、运输车辆等,没有科学合理的应急预案来规划资源的储备和调配,在紧急情况下会出现资源短缺或者资源浪费的情况,影响抢险救灾的效率。

(5)善后工作困难。没有科学合理的应急预案来指导大坝出险后的恢复重建工作,包括对大坝的修复设计、资金筹集、施工组织等方面。在大坝出险后,很难进行科学合理的修复。由于缺乏前期的规划,在恢复重建过程中可能会出现各种问题,如修复后的大坝仍然存在安全隐患,或者资金不足导致重建工作半途而废等情况,影响小型水库的长期安全运行和功能恢复。

2)未按要求对小型水库大坝安全管理(防汛)应急预案进行演练可能造成的后果

(1)群众应急意识淡薄。演练过程也是向水库周边群众宣传应急知识的过程。未对应急预案进行演练,群众对应急撤离路线、警报信号等不熟悉。在遇到险情时,群众可能会惊慌失措,不知道如何正确逃生。在需要紧急疏散时群众可能不理解为什么要撤离,也不知道应该往哪个方向撤离,从而导致撤离效率低下,增加人员伤亡的风险。

(2)管理人员反应迟缓、部门协同混乱。如果没有对应急预案进行演练,水库运行管理人员可能不能迅速识别险情的严重程度并启动相应的应急措施,当真正遇到水库大坝险情时,可能无法及时做出正确反应。应急预案演练能够磨合各部门之间的协作机制,未演练会导致在紧急情况下,水利部门、应急管理部门、医疗救援部门等协同工作出现混乱。

(3)操作流程生疏、资源调配无序。没有对应急预案进行演练,相关人员对预案中的操作流程会很生疏。预案演练能够帮助工作人员熟悉应急资源的调配方式。如未演练,在面临险情时,工作人员可能不知道应急物资(如沙袋、石料、抢险工具等)存放在何处,也不清楚如何快速调用运输车辆将物资运送到需要的地点,这可能造成抢险物资不能及时供应,使抢险工作受到阻碍。

(4)无法发现应急预案缺陷。通过演练可以检验应急预案的合理性和可行性。未进行演练,就很难发现预案中存在的问题,如应急响应流程是否过于复杂、各环节之间是否衔接紧密、资源配置是否合理等。例如,在实际演练过程中可能会发现,原预案中规定的抢险物资储备地点距离大坝太远,在紧急情况下无法快速获取,或者发现预案中规定的通信联络方式在山区信号不好的情况下无法有效沟通等问题。如果没有演练,这些缺陷在真正发生险情时才暴露出来,会对抢险救灾工作造成严重的负面影响。

4. 规范要求

1)《小型水库安全管理办法》(水安监〔2010〕200号)

第二十六条 水库主管部门(或业主)应组织所属小型水库编制大坝安全管理应急预案,报县级以上水行政主管部门备案;大坝安全管理应急预案应与防汛抢险应急预案协调一致。

第二十九条 地方人民政府、水行政主管部门、水库主管部门(或业主)应加强对应急预案的宣传,按照应急预案中确定的撤离信号、路线、方式及避难场所,适时组织群众进行撤离演练。

2)《国务院办公厅关于切实加强水库除险加固和运行管护工作的通知》(国办发〔2021〕8号)

在做好病险水库控制运用的基础上,进一步落实水库管护主体、人员和经费,做好日常巡查、维修养护、安全监测、调度运用、防汛抢险等工作,逐库修订完善防汛抢险应急预案,配备必要的管理设施和抢险物料,推进管理规范化标准化。

3)《水库大坝安全管理应急预案编制导则》(SL/Z 720—2015)

(1)预案应包括:预案版本号与发放对象,编制说明,突发事件及其后果分析,应急组织体系,运行机制,应急保障,宣传、培训与演练,附表、附图等。

(2)水库大坝突发事件应根据其后果严重程度、可控性、影响范围等因素,分为Ⅰ级(特别重大)、Ⅱ级(重大)、Ⅲ级(较大)和Ⅳ级(一般)。

(3)预案编制应收集水库所在流域及相关区域自然地理与水文气象、公共基础设施、工矿企业、水库功能与防护对象、大坝工程特性、大坝安全与管理现状、库区淤积状况、历史特大洪水或工程险情及其应急处置、溃坝洪水可能淹没区基本情况等基础资料。

(4)预案编制应由水库管理单位或其主管部门、水库所有者(业主)组织,并应履行相应的审批和备案手续。

(5)预案应根据情况变化及时修订和报批。

5. 改进措施

(1)法规政策学习与重视提升。水库管理单位和主管部门应组织关于大坝安全管理法规与应急预案编制重要性的学习培训,详细解读国家及地方关于小型水库安全管理的规定,明确编制应急预案是法定职责。水库管理单位应主动与上级主管部门沟通,了解应急预案编制的最新要求和政策导向,争取上级部门在技术、资金、培训等方面的支持,参加由上级组织的水库安全管理工作会议,及时掌握行业动态,将编制应急预案作为提升水库安全管理水平的重点工作来抓。

(2)明确管理职责,健全监督检查机制。水行政主管部门定期对小型水库进行检查,将应急预案编制情况作为重点检查内容,对于未编制应急预案的单位,下达整改通知书,明确整改期限和要求;对于编制质量差的应急预案,提出具体的改进意见。建立考核制度,将应急预案编制工作纳入小型水库管理单位的年度考核指标。水利部门与应急管理部门加强协作,共同推动小型水库应急预案编制。水利部门提供技术支持和水库工程相关信息,应急管理部门从应急体系建设、综合减灾等角度提出意见。

(3)强化技术支持,健全交流合作机制。水行政主管部门应组织专家编写小型水库大坝安全管理(防汛)应急预案编制指南,详细说明编制流程、内容框架、风险评估方法等。指南要具有针对性和可操作性,结合小型水库的特点,简化复杂的理论和技术内容,并提供应急预案模板,包括基本格式、章节安排、必要的表格和附图等。水库管理单位或主管部门应组织专业技术人员对水库大坝进行全面的安全评估,包括工程结构安全、防洪能力、渗流稳定等方面,为应急预案的编制提供准确的工程现状信息和风险分析基础;利用水文学、水力学、工程力学等专业知识,结合水库的实际情况,采用科学的计算方法和模型,对洪水演进、溃坝风险等进行分析和预测,为制定合理的应急响应措施和人员转移方案提供技术支持;成立应急预案编制修订小组,明确各成员的职责和分工,共同完成应急预案的编制修订工作。可以与周边地区的水库管理单位建立交流合作机制，分享应急预案编制经验和优秀案例。通过组织经验交流会、现场观摩等活动，促进小型水库管理单位之间的相互学习。

(4)加大资金支持力度。水库管理单位或主管部门应安排专门的经费用于应急预案的编制工作，包括资料收集、调研、专家咨询、文本编制与印刷等费用，确保编制工作的顺利开展。应当设立水库应急专项资金，用于储备应急抢险物资、设备购置与维护、人员培训与演练等，为应急预案的实施提供物质保障。

(5)加强应急预案培训与演练。定期组织水库管理单位全体人员以及周边相关社区、单位人员开展应急预案培训，使培训对象熟悉应急预案内容、应急响应程序、自身职责和应急处置方法，提高应急意识和应急处置能力。定期开展应急预案演练，演练形式可包括桌面演练、实战演练等，通过演练检验应急预案的可行性和有效性，发现问题及时进行整改，同时锻炼应急抢险救援队伍的协同作战能力和实战水平。演练结束后，对演练效果进行评估总结，针对存在的问题对应急预案进行优化。

第4章　日常巡查、大坝监测及维修养护

4.1　巡查、监测

典型问题9　巡查(巡检)通道不满足巡查(巡检)需要

1. 问题现象

(1)某水库无上坝巡查道路,坝顶巡查道路宽约25 cm,通行困难,坝顶巡查通道无防护设施,存在安全隐患,如图4-1所示。

图4-1

(2)某水库上坝巡查道路不能够到达坝顶,背水坡无巡查道路,冲沟纵横,杂草丛生,通行不便,如图4-2所示。

(3)某水库背水坡未设计巡查道路,仅有一条可供一人行走的小路能够上坝,巡查通道不满足巡查要求,如图4-3所示。

(4)某水库巡查道路崎岖难行,不能满足巡查需要,如图4-4所示。

(5)某水库大坝四周均为农田,背水坡无下坝道路,无巡查通道,不满足巡查需要,如图4-5所示。

图 4-2

图 4-3

图 4-4

图 4-5

2. 原因分析

小型水库巡查(巡检)通道不满足巡查(巡检)需要,问题多出现于山地、丘陵等地形,所处位置大多远离城镇、村庄,造成该问题的原因较多,大致分为以下几种:

(1)自然因素。小型水库所处位置一般为远离城市的偏远地区,尤其在山地、丘陵地形。山区水库,存在水头差大、势能大等特点,此种水库选址更是常常位于深山之中,人迹罕至,加之更加险峻的地势,在这种深山之中修建上坝道路、巡查通道等所耗甚巨,各水库巡查责任人从实际居住地到达水库需较长时间。尤其是具有发电效益的私人投资电站,更是充分考虑利益最大化,仅建设了水库坝体,而忽视修建上坝道路、巡查通道等的投资,导致此类水库巡查难度很大,进而导致实际巡查频率较低。

(2)大坝设计缺陷或除险加固未考虑巡查道路建设。大部分山区的重力坝、部分平原地区的土石坝在建设设计和除险加固时,忽略了巡查道路的建设,如重力坝未建设下坝巡查道路、重力坝背水坡未建设巡查步道、巡查道路过长,或是建设了巡查道路,但因为设计不合理,在汛期高水位情况下,巡查道路因为高程较低而被水淹没等,使巡查责任人开展巡查工作长期处于困难处境,无法高效开展巡查。此外,还存在部分重力坝,因溢洪道处于坝体上端,将大坝分为左、右坝肩,虽设置巡查通道,但实际巡查过程中,仅能到达一侧坝肩处,若想到达另一侧坝肩需要绕行很远的距离,这样导致巡查责任人往往只能顾及一侧,另一侧坝肩则疏于管理,导致存在树枝、杂物等堆积,致使通路不畅。

(3)维修养护经费不足,维护不到位。水库巡查道路作为水库大坝的附属设施,在水库运行管理中往往得不到有效的维护,一些水库经常出现上坝道路、巡查道路年久失修的情况,尤其是20世纪中叶建立的一些水库,即使后期经过除险加固,但对于巡查道路仍未开展过有效的维修养护,一些巡查道路崎岖难行、台阶缺失等问题仍然偶有出现,给水库巡查工作带来了一定困难。

(4)重视程度不够,安全意识淡薄。发生巡查通道不满足巡查需要的小型水库大多为私人建设管理,此类水库管理者往往对水库巡查工作重视程度不够,不愿意在巡查通道上投入,即使建设了巡查通道,在后期管理中也很少对其进行维修养护,导致巡查通道难以通行,进而影响巡查责任人开展日常巡查工作。这些水库管理者认为只要坝体主体工程部分没问题即可,没有认识到巡查检查是发现大坝安全隐患的必要条件,忽视了发生险情，甚至垮坝的小型水库往往是由于巡查工作不到位，进而由小问题转变成了大问题，所谓“千里之堤，溃于蚁穴”，正是这个道理。同时，上级水利部门监管力度不够，对巡查通道监管不够重视，也是出现该问题的间接原因。

3. 造成后果

如果巡查(巡检)通道长期不满足巡查(巡检)需要，将产生以下危害：

(1)增加水库安全隐患。巡查通道长期不满足巡查需要，会给水库巡查责任人开展巡查工作带来许多困难，一是道路狭窄、坡度陡、路面破损等问题会导致巡查车辆和人员通行困难，影响日常巡查的频次和覆盖范围，使水库安全运行得不到有效的巡查保障，尤其是在汛期高水位情况下，极容易因巡查不足而未发现可能存在的安全隐患，使小隐患滋生出大问题，增加了水库安全隐患；二是容易产生巡查死角，如巡查道路部分受阻使水库对应区域成为长期无法到达的检查死角，无法及时抵达关键部位(如坝体、溢洪道、闸门等)，使关键部位长期处于无人看管状态，可能导致渗漏、裂缝、滑坡等隐患未被察觉，最终演变为重大险情。

(2)增加巡查人员受伤风险。巡查通道不满足要求，如崎岖难行、存在阻碍，或因设计因素导致巡查路线过长等问题，极大地增加了巡查人员发生跌倒、落水等意外伤害的概率，且大部分存在问题的水库处于偏僻无人、通信不畅的山区中，一旦发生损害人身安全的意外事故，容易导致受伤人员得不到及时救治，极易产生人员伤亡的严重后果。

(3)影响巡查人员应急处置。水库巡查道路若存在设计缺陷或维护不当(如路面损毁、积水积淤、边坡坍塌等)，将严重阻碍巡查人员在应急处置中的快速响应能力。一方面，狭窄、中断或通行条件恶劣的巡查道路会大幅延缓巡查人员及装备抵达险情部位的时间，导致初期险情无法及时控制，如渗漏点扩大、管涌加剧或裂缝蔓延等；另一方面，应急抢险所需的砂石、土工膜、抽水设备等物资可能因道路承载力不足或转弯半径过小而无法运输到位，直接削弱应急处置效率。尤其在暴雨、滑坡等极端情况下，道路中断可能迫使巡查人员绕行或徒步穿越危险区域，进一步增加人员安全风险，甚至错失抢险黄金期，致使局部险情演变为溃坝、漫顶等系统性灾难，严重威胁下游居民生命财产安全。

(4)影响水库行洪和抗旱工作。小型水库巡查工作对于水库防洪和抗旱工作至关重要，若水库巡查通路不畅，会严重影响巡查人员对水库水情、工情的掌握，尤其发生洪水或干旱时，会导致相关部门无法准确掌握水库情况，无法分析研判洪水或干旱的形势，难以做出科学调度小型水库等有效的应对措施，这可能导致洪涝灾害或旱灾的形势加剧。

4. 规范要求

1)《小型水库安全管理办法》(水安监〔2010〕200 号)

第二十二条 水库管理单位或管护人员应按照有关规定开展日常巡视检查，重点检查水库水位、渗流和主要建筑物工况等，做好工程安全检查记录、分析、报告和存档等工作。重要小型水库应设置必要的安全监测设施。

2)《土石坝养护修理规程》(SL 210—2015)

土石坝日常巡视检查应以裂缝、异常变形、渗漏、沉陷、滑坡、淤堵以及影响枢纽正常运行的外界干扰等检查为主；年度检查除日常巡视检查的内容外，还应根据枢纽实际情况适当增加白蚁危害检查、坝下埋涵(管)检查、水下检查、淤积检查等内容；特别检查应以专项检查为主,兼顾日常巡视检查的内容。

3)《混凝土坝安全监测技术规范》(SL 601—2013)

坝体检查项目应包括下列内容:

(1)坝顶。坝面及防浪墙有无裂缝、错动、沉陷;相邻坝段之间有无错动;伸缩缝开合状况、止水设施工作状况;排水设施工作状况。

(2)上游面。上游面有无裂缝、错动、沉陷、剥蚀、冻融破坏;伸缩缝开合状况,止水设施工作状况。

(3)下游面。下游面有无裂缝、错动、沉陷、剥蚀、冻融破坏、钙质离析、渗水;伸缩缝开合状况。

(4)廊道。廊道有无裂缝、位移、漏水、溶蚀、剥落;伸缩缝开合状况、止水设施工作状况;照明通风状况。

(5)排水系统。排水孔工作状况;排水量、水体颜色及浑浊度。

5. 整改措施

(1)加大对小型水库巡查通道建设的重视程度,在进行新水库建设设计或老水库除险加固设计时,充分考虑水库选址的地理因素对巡查通道的影响,从源头把控, 在临崖、临水路段安装防撞护栏,增设限宽设施和反光警示桩,并在关键位置悬挂安全提示标语,降低事故风险,充分考虑巡查道路设计的科学性、合理性。

(2)增加对于小型水库巡查通道修建的资金投入,对于巡查道路存在损坏的水库,要将修复巡查道路工作作为重点维修养护内容,对于病险水库,在控制运行方面要求汛期要加大巡查力度,所以优先将巡查道路修缮作为首要工作,同时,在除险加固时也应将巡查道路作为重要施工内容,力争保证巡查道路满足巡查要求。

(3)推进巡查道路不满足要求的小型水库细化巡查检查举措,分类制定巡查道路修缮计划,确保在汛期关键时期或水库发生险情时,小型水库巡查检查各项举措能够顺利实施,保障工程安全运行。

(4)引入智能监测技术。可在水库日常巡查难以到达的部位及重点部位安装监控设备,实时监测大坝安全状况,利用物联网技术实现数据远程传输监控视频,提升水库巡查效率和管理效率。

典型问题10　未对大坝进行安全监测、采集监测数据

1. 问题现象

(1)某水库未对大坝进行安全监测、采集监测数据,如图4-6所示。

(2)某水库重力坝坝身存在大面积的渗湿,未对大坝进行渗流监测、采集监测数据,如图4-7所示。

(3)某水库坝脚渗流严重,未对大坝进行渗流监测、采集监测数据,如图4-8所示。

(4)某水库大坝设计施工时已安装安全监测设施,安全管理(防汛)应急预案涉及安全监测设施内容,但实际并未对大坝进行安全监测、采集监测数据。

2. 原因分析

在小型水库的运行管理中,未对大坝进行安全监测、采集监测数据属于常见问题。小

图 4-6

图 4-7

图 4-8

型水库大坝安全管理工作在人员思想意识、资金力量投入、专业人员和设备配置、规范规程执行等方面都相对薄弱，加之水库监测设施的设计、施工普遍存在不同程度的缺陷或问题，容易滋生未对大坝进行安全监测、采集监测数据等问题。

（1）管理水平落后。许多经济欠发达地区的小型水库管理水平落后，通常面临着资金、人力等资源的不足，这限制了他们聘请专业监测人员的可能，也无法投入足够的资源来提升现有管理人员的技能和监测水平。水库大坝变形、渗流观测等监测设施设备老化、损坏，缺乏专业化的监测设备，导致未定期开展大坝监测工作，转而日常巡检时只是采取简单的用眼看、用手摸的传统检测办法，无法满足规范化和科学管理的需要。

（2）缺乏安全监测制度。部分水库缺乏完善的安全监测运维管理制度，或者已有的制度没有得到有效的执行，负责水库日常监测的技术人员对监测工作要求没有制度约束，检查频率低，检查内容不深入、不全面，对监测的结果缺乏科学的分析推断，不能及时处理存在的问题，导致在安全监测方面出现疏漏和错误，难以及时发现和解决问题，不能做到防患于未然。

（3）对大坝监测工作重视不足。一些水库的管理人员对监测设备的重要性认识不足，且水库管理单位对大坝安全监测事项不够重视，未配备专门的监测人员，或是配备了监测人员但未经过专业培训，使其缺乏必要的管理和维护技能，这可能导致设备维护不当、观测方式错误、观测结果不准等，使监测数据缺乏准确性、科学性。

3. 造成后果

小型水库在长期运行，尤其是高水位情况下运行时，存在一定的安全风险，必须定期实施科学监测。如未对大坝进行安全监测、采集监测数据，会产生如下危害：

（1）大坝隐患难以及时发现。水库大坝运行期间，会受坝址水文、地质条件的影响，在水压、温度等外部负荷的长期作用下，坝体会产生形变，从而影响水库大坝的运行。若未定期开展安全监测，则管理人员无法准确掌握坝体结构的变化，会导致坝体变形情况愈演愈烈。若坝体形变过大，会严重破坏其结构，可导致裂缝、渗流、滑坡、倾覆等破坏现象，往往是大坝破坏事故的先兆。一旦发生溃坝事故，其拦蓄的库水突然下泄，将引发严重的次生灾害，造成巨大的财产损失和人员伤亡，引发了严重的社会和环境危机。

（2）影响防洪抢险工作。若长期未对大坝进行安全监测、采集监测数据，则无法掌握已有的安全监测设施状况，导致安全监测设施长期处于无人看护的状态，设备的小毛病会发展成设备损坏的大问题，不满足观测需要的设备往往需要更频繁的维修和更换，大大增加了维护成本；而且监测设备若无法保持良好稳定的状态，一旦遭遇超标准洪水等情况，则无法通过观测快速掌握水库安全状况，给抢险工作造成阻碍。

（3）洪水调度无数据支持。安全监测能提供水位、流量等实时数据，助力科学洪水调度。若未对大坝进行安全监测、采集监测数据，则水库管理单位难以准确掌握水情变化，无法合理控制泄洪，可能错过最佳泄洪时机，增加上下游防洪压力。

（4）防洪预警滞后或不准确。若未对大坝进行安全监测、采集监测数据，没有对水库关键部位和水情实时监测，则防洪预警系统难以有效运行，无法及时准确地向上下游居民发出预警，使人们难以及时采取避险措施，造成人员伤亡和财产损失。

（5）水资源调配不合理。通过安全监测可了解水库蓄水量、水质等情况，为水资源合理调配提供依据。若未对大坝进行安全监测、采集监测数据,则可能会导致对水库水资源状况不明,出现过度取水或水资源浪费,影响水资源的可持续利用。

4. 规范要求

1)《土石坝安全监测技术规范》(SL/T 551—2024)

(1)安全监测应贯穿土石坝全生命期,监测方式应包括现场检查和仪器监测。

(2)初期运行阶段:工程运行管理单位做好建设期监测资料交接工作,明确初期运行阶段的监测单位;蓄水前应制订监测工作计划,确定监测项目基准值和主要设计警戒值。蓄水时应加强监测,及时分析监测资料,并对工程工作状态做出评估,提出初期蓄水工程安全监测专题报告。宜建立安全监测自动化系统并投入运行。

(3)运行阶段:运行管理单位宜建立专业化的监测队伍管理、维护和运行安全监测系统;定期整编、分析监测资料,评估运行阶段工程工作状态,提出工程安全监测资料分析报告。

2)《混凝土坝安全监测技术规范》(SL 601—2013)

安全监测应遵循下列原则:

(1)监测应满足规程规范和设计要求,相关监测项目应同步监测;发现测值异常时立即复测;做到监测资料连续,记录真实,注记齐全,整理分析及时。

(2)应定期对监测设施进行检查、维护和鉴定,监测设施不满足要求时应更新改造。测读仪表应定期检定或校准。

(3)自动化监测宜与人工观测相结合,应保证在恶劣环境条件下仍能进行重要项目的监测。

运行阶段的监测工作应符合以下要求:按规范和设计要求开展监测工作,并做好监测设施的检查、维护、校正、更新、补充和完善。监测资料应定期进行整编和分析,编写监测报告,评价大坝的运行状态,提出工程安全监测资料分析报告,及时归档;发现异常情况应及时分析、判断;如分析或发现工程存在隐患,应立即上报主管部门。

当发生地震、大暴雨、库水位骤变、高水位且低气温、水库放空以及大坝工作状态异常时,应加强现场检查、增加测次,必要时应增加监测项目,发现问题,及时上报。

5. 整改措施

积极开展水库大坝运行期安全监测工作,能够预先判断可能存在的安全事故风险,为后续开展工程修复提供数据依据。许多小型水库在运行过程中,受工程自然老化、人为操作失误等因素的影响,导致水库大坝出现一定的问题。而维修加固时间较长,成本较高,积极开展水库大坝运行期安全监测工作,能够依据监测数据判断是否需要实施除险加固,同时可以提高加固方案的科学性和合理性。

(1)加大投入,更新和完善监测设备,提高监测工作开展效率。地区应依据水利部的大坝安全监测设施建设技术指南、依据当地资金使用办法,制定小型水库监测设施建设资金计划,明确小型水库大坝的安全监测设施和安全监测网络平台的建设任务与建设要求,不断提高安全监测技术水平,以提升监测效率。

(2)建立自动化观测系统,实现实时观测,实时掌握大坝性态变化。在开展水库大坝运行期安全监测时,要充分发挥先进信息技术的优势,建立健全的水库大坝管理一体化信息系统，通过统一的系统架构，收集相关监测数据，根据水库大坝的水文条件、自然天气、安全监测数据、防洪调度安排、视频监控等多元化的信息，开展综合管理，制定有效、科学的水库大坝安全风险解决方案，在充分保障水库大坝安全运行的基础上，实现更高的社会效益和经济效益。

（3）建立专业的运维管理团队，加强人员培训和技能提升。有条件的情况下，可以建立专业的运维管理团队，将水库的安全监测管理委托第三方安全监测专业团队负责。同时，小型水库监测管理人员不仅要对水库大坝的运行状态进行监测，还要做好监测设备的日常维护工作。监测人员要正确使用和保养监测设备，明确监测设备的使用方法，让监测设备始终处于良好的工作状态。在使用监测设备之前，要对其进行校准，以确保监测的准确性。每年汛期是水库大坝运行负荷最大的时段，需要加强对水库大坝的安全监测，增加监测项目，这不仅提高了监测设备的使用频率，还增大了监测设备的运行负荷。因此，监测人员需要在汛前做好监测设备的检查工作，同时准备好备用的监测设备，以便在设备出现损坏时能及时替换，确保监测的连续性。

（4）进一步细化地区的小型水库大坝安全监测规划，可以按照山区水库和坝高超过一定米数的水库优先建设安全监测设施原则，逐步部署实施启动大坝安全监测设施和网络平台建设，切实提高水库安全运行能力和信息化管理水平。

4.2 工程维护

典型问题11 未按要求进行日常维护

1. 问题现象

（1）某水库在背水坡处有雨水冲坑，未及时进行维修养护，如图4-9所示。

图4-9

（2）某水库大坝下游护坡、闸门管理房外杂草丛生；水库闸门生锈严重未及时保养，如图 4-10、图 4-11 所示。

图 4-10

图 4-11

（3）某水库坝区周边有大量生活垃圾，泄水闸进出口存在垃圾、杂草堵塞，日常维护不到位，如图 4-12～图 4-14 所示。

2. 原因分析

小型水库普遍存在维修养护不到位、运行管理经费不足的问题，尤其是经济欠发达地区的小型水库，管理能力、管理意识、管理资金等均达不到要求，从而造成未按要求进行日常维护的问题。

（1）管护经费不到位。在水利实际工作中，对水库的建设相关单位都较为关注，而后期的管理和使用却得不到明确的分工，运作机制比较模糊，产权不明晰，责、利、权不清。尤其是在管理职责出现交叉时，有时各单位责任不明、沟通不畅，存在推诿现象，造成小型水库维护经费来源得不到保障。我国小型水库大都承担以防洪、灌溉为主的公益性任务，具有经营性的水库较少，地区财政困难，政府管护经费很难落实，使得许多地区工程维修

图 4-12

图 4-13

图 4-14

养护主要靠中央财政补助，补助经费有限，很难覆盖所有水库，导致一些水库缺乏正常维修养护，从而出现坝体破损、金属结构锈蚀严重等问题。

（2）管理能力不足。小型水库管理能力不足，我国小型水库由乡镇或集体管理的居多，这些水库大多无专职管理机构，技术人员严重缺乏，管理较为松散，导致出现水库超汛限水位运行，而日常维护不到位，泄洪启闭设施锈蚀、无法正常运行，坝区杂草、垃圾等得不到及时清理等多种问题；此外，在已建中小型水库管理中，一般都会根据水库的重要性和工作强度配备一定数量的管理人员，以满足水库的正常管理运行。在早期配备的管理人员中，一座中小型水库一般会配备1～2名专业技术人员，保证水库在出现工程问题时能够得到及时有效的处理。随着水利工作的逐步细化和管理的深入，水利机关单位需要大量的专业技术人员从事区域规划和管理，但是由于缺少机关单位专业技术人员，就会从基层抽调专业技术人员以充实机关专业技术需要。这部分抽调的专业技术人员在进入机关后，一般很难再回到原来的水库管理岗位，这样就会导致水库管理专业技术力量不足，难以满足水库正常维护管理的要求。

（3）工程质量问题。我国许多山区水库修建高潮始于20世纪六七十年代，大多是为了提高粮食产量，满足人们的温饱要求，尽快形成灌溉效益而仓促上马。这种水库的修建没有经过专业的设计和勘测工作，更缺少土木试验进行验证，整个水库工程的质量较低，致使诸多水库坝体在稳定性和安全性上存在问题。加上工程建设资料不够完善，导致在工程管理过程中，基本都是靠管理人员的经验和主观判断来确定大坝及各种水工建筑物的情况，这种没有具体资料作为依据的判断存在很大的盲目性。该类水库建设设计不合理，大坝承载能力达不到实际高水位运行的要求，这样就造成大坝及各种水工建筑物在投入运行之后问题频发，难以通过日常维护管理从根本上解决，若不实施除险加固就只能放任问题发生，从而降低了工程管理效益，形成恶性循环。

（4）思想观念落后。许多地区小型水库管理单位和管理人员仍然停留在20世纪重建轻管的思想之中，认为小型水库运行只需要按期做安全鉴定，若安全鉴定不通过再采取空库运行、除险加固等措施进行补救，而忽视对水库大坝的日常维护，从而导致水库面貌差、坝体局部破损、启闭设施损坏等问题。殊不知渗漏、管涌甚至垮坝等危险事故往往发生得十分迅速，正是由于对日常维护不够重视，危险才一点一点累积，最终量变形成质变，造成难以挽回的损失。

3. 造成后果

如未按要求进行日常维护，会产生以下危害：

（1）增加垮坝风险。若水库长期处于未按要求进行日常维护的状态，则会出现例如大坝裂缝、坝体局部坍塌、水库发生渗漏等问题。这些问题在小型水库经过汛期长时间暴雨冲刷和高水位运行时，容易使坝体的土质流失严重，导致坝体的稳定性和抗洪等级下降，容易发生管涌、垮坝等事故，给水库周围生活群众的生命财产安全带来极大的隐患。

（2）危害水库周边居民安全。对于周边存在村庄或本身位于当地通行主要道路上的水库，若其长期处于未按要求进行日常维护的状态，则会导致水库库区面貌差，库区周边道路、挡墙、栏杆、库区警示标识等发生损坏而得不到及时修复，容易造成周边居民经过时的意外伤害，给居民人身安全造成威胁。同时，因管理疏漏导致的意外事故也将使公众对水库管理单位的信任感和满意度造成不可逆的影响。

（3）影响水库行洪。若溢洪道被渔网、树木或杂物堵塞，或泄洪闸门锈蚀无法开启，将导致行洪不畅，洪水无法及时下泄，威胁下游安全；而且有的水库泄洪通道堵塞，泄水启闭设施无法运行，则会严重影响水库行洪，进而导致库容淤积，这是一个潜在的安全隐患。长期沉积的泥沙、水生植物生长，加之日常维护不到位导致排水不畅、水库蓄水容量逐渐降低等因素，影响水库的防洪和蓄水功能，导致水库在洪水期间无法充分吸纳洪水，增加洪峰流量，进一步危及库坝的安全性、稳定性，最终容易导致漫坝、垮坝等事故。

(4)影响供水安全。对于具有供水功能的水库，尤其是水源地水库，若未及时清理库区垃圾或非法设施，可能会导致污染水源或破坏流域生态平衡，使水库功能（如灌溉、供水）受损，可能导致农业减产或城市供水中断。同时，若库区环境面貌差，将对库区周边居民生活造成影响，可能引发公众对政府或管理单位的不满，甚至引发舆情危机。

4. 规范要求

1)《土石坝养护修理规程》(SL 210—2015)

(1)养护修理内容应包括检查、养护、修理、白蚁及其他动物危害防治四部分。

(2)养护修理工作应坚持“经常养护，随时维修，养重于修，修重于抢”的原则，做到安全可靠、技术先进、注重环保、经济合理。

(3)养护工作应做到及时消除土石坝枢纽的表面缺陷和局部工程问题，随时防护可能发生的损坏，保持土石坝枢纽的安全、完整、正常运行。

(4)养护对象应包括坝顶、坝端、坝坡、混凝土面板、坝基与坝区、泄输水建筑物、排水设施、闸门及启闭设备、地下洞室、边坡、安全监测设施及其他辅助设施等。闸门及启闭设备、地下洞室、安全监测设施的养护应按《混凝土坝养护修理规程》(SL 230—2015)的规定执行。

(5)养护应包括经常性养护、定期养护和专门性养护，并符合下列规定：

①经常性养护应及时进行。

②定期养护应在每年汛前、汛后、冬季来临前或易于保证养护工程施工质量的时间段内进行。

③专门性养护应在极有可能出现问题或发现问题后，制定养护方案并及时进行养护，若不能及时进行养护施工，则应采取临时性防护措施。

(6)运行管理单位应根据 SL 210—2015 的规定，并结合工程具体情况，确定养护项目、内容、方法、时间和频次。

2)《混凝土坝养护修理规程》(SL 230—2015)

(1)养护工作应做到及时消除混凝土坝枢纽的表面缺陷和局部工程问题，随时防护可能发生的损坏，保持混凝土坝枢纽的安全、完整、正常运行。

(2)养护对象应包括混凝土建筑物表面、变形缝止水设施、排水设施、闸门及启闭设备、地下洞室、边坡、安全监测设施及其他辅助设施等，以及冻害、碳化与氯离子侵蚀、化学侵蚀等的防护。

5. 整改措施

(1)建立水库日常维护工作机制。一是定期清理坝体杂草、树木根系，防止破坏坝体结构；及时填补裂缝、修复护坡，防止水土流失。二是每年汛前对闸门、启闭机、输水管道进行润滑、除锈和试运行；配备备用电源，确保极端情况下水库启闭设备正常运行。三是加强库区环境治理。及时清理库区垃圾、漂浮物，防止堵塞溢洪道；控制库区周边养殖、耕种活动，减少面源污染。

（2）明确责任主体，压实管理责任。落实属地管理责任，明确地方政府、水利部门和水库管理单位的分工，避免职责不清。水库管理单位应明确专人负责水库日常维护工作的开展，统筹协调人员力量，保证水库日常维护到位。加强每日巡查，在雨季或极端天气时增加巡查频次，着重检查坝体渗漏、裂缝、沉降情况，溢洪道、闸门启闭设备是否正常，库区环境面貌是否良好等。通过巡查发现问题，通过日常维护将小问题及时处理，防微杜渐，不使小问题因长期未解决而发展成影响工程安全的大问题。

（3）重视专业技术，提高管理水平。要想提高小型水库维护管理水平和综合管理效益，在很大程度上取决于管理者的水平。因此，必须对水库管理者定期组织培训学习，提高其理论储备水平和实践能力，有效提高水库管理效益，最大限度地发挥水库的作用。另外，健全水库管理制度和绩效考核制度，保证管理人员持证上岗，明确管理人员的职责，定期抽查水库面貌、设施设备等日常维护情况，实施奖惩机制，一切以实效说话，大力提高小型水库管理效益。

（4）多方筹措资金，保障日常维护资金。小型水库维护与保养资金筹措难度大，在很大程度上是因为管理人员在思想上不重视，因此首先要解决思想认识问题，确保相关人员从思想上认识到小型水库在当地社会经济发展中的重要作用和维护当地生态平衡的不可或缺性，方可积极主动地想方设法筹措资金，尽力维护与保养小型水库。在资金筹措渠道上，可以积极争取政府专项资金，积极鼓励社会力量投资，发动受益区群众自筹自建等多项联动，保证小型水库的良好运行。

（5）合理完善配套设施，发挥水库经济效益。小型水库配套设施是水库发挥效益的重要保障，完善的配套设施可以有效降低水库日常维护成本，提高日常维护效率。因此，在对小型水库进行维护与保养时，要根据当前实际情况兼顾长远规划，合理布局。在具体操作时，可以统筹考虑农业灌溉和水产养殖，做到经济效益最大化；在有可以发展水利旅游条件的地方，还要考虑水利旅游和农业灌溉、水产养殖之间的用水矛盾。根据水库所处位置的实际情况，合理完善水库配套设施，并加以充分利用，提升水库综合效益从而增加水库日常维护经费。

典型问题 12 对影响大坝安全的隐患未及时进行处理

1. 问题现象

（1）某水库未经审批加高溢流段约 1 m，严重影响大坝安全，存在安全隐患，如图 4-15 所示。

（2）某水库泄洪涵出水段两侧墙砌石冲毁；进水涵管悬空，底部土体已被淘空，存在安全隐患，如图 4-16 所示。

（3）某水库坝体存在大量蚁害，大坝背水坡土体部分淘空，存在安全隐患，如图 4-17 所示。

2. 原因分析

小型水库中，影响大坝安全的隐患未及时进行处理的问题是多类型、多方面的，如坝体渗漏、行洪不畅、蚁害等，均对大坝安全造成严重威胁。造成水库安全隐患的主要原因

图 4-15

图 4-16

图 4-17

如下：

(1)工程设计不合理导致的安全隐患。水库设施存在不足或设计不合理，导致的安全隐患在水库建成时便已经存在。

(2)坝体稳定性差导致的安全隐患。一些土石坝由于土质松散、设计不当或白蚁、动物巢穴等外界因素，坝体稳定性存在潜在风险，容易引发坝体渗漏、滑坡、坍塌等安全隐患。坝体在长期水压和自身重力作用下易发生变形，导致坝体内部应力分布不均，进而引发坝体失稳的风险。特别是在强降雨、地震等自然灾害发生时，坝体的稳定性会受到严重威胁。

(3)泄洪不畅导致的安全隐患。部分水库由于泄洪建筑物设计不合理，或是存在长期堵塞溢洪道、人为加高溢洪段等因素，使水库的泄洪设施在暴雨、洪水等突发事件中无法有效排除过剩的水流，进而使水库的洪水容量逐渐增加，增大了溃坝和洪灾的风险。泄洪设施的尺寸、通量、排放能力以及开启和关闭机制的不当会导致泄洪不及时、不平稳，从而影响水库的安全性。

3. 造成后果

如小型水库对影响大坝安全的隐患未及时进行处理，会产生以下危害：

(1)直接威胁大坝结构安全，增加坝体溃决风险。一是渗漏与管涌。若白蚁等导致的渗水隐患长期处于未处理状态，则容易形成渗流通道，导致坝体内部土石被冲刷，最终引发管涌，造成坝体塌陷或溃决。二是裂缝扩展。坝体表面或内部裂缝若未及时修补，可能因雨水渗透、冻融作用或荷载变化而进一步扩大，削弱坝体稳定性。三是滑坡与沉降。坝坡失稳或基础沉降未加固，可能引发局部滑坡或整体坍塌，若水库长期存在此类安全隐患，在经过汛期长时间暴雨冲刷和高水位运行时，会对大坝安全产生严重威胁，增加垮坝风险。四是溢洪道堵塞或损毁。溢洪道被杂物堵塞或结构破损，无法正常泄洪，导致水库水位超过设计标准，加剧溃坝风险。

(2)影响工程效益发挥。水库常与周边地区的农业灌溉、工业生产等密切相关。水库存在的安全隐患若不及时进行处理，很容易发生渗流、局部坍塌、滑坡等问题，变为病险水库。为了保证病险水库安全，水库不得不降低水位或空库运行，严重时会影响水库供水稳定性，制约相关产业发展，给当地经济带来损失。

(3)引发社会不稳定因素。水库安全事故会对下游居民生命财产构成威胁，水库安全隐患长期未进行处理，容易引发公众恐慌，若公众问题处理不当，还可能引发社会矛盾和不稳定因素。

4. 规范要求

1)《小型水库安全管理办法》(水安监〔2010〕200号)

第二十三条 水库主管部门(或业主)应按规定组织所属小型水库工程开展维修养护，对枢纽建筑物、启闭设备及备用电源等加强检查维护，对影响大坝安全的白蚁危害等安全隐患及时进行处理。

2)《水利安全生产风险管控“六项机制”实施工作指南(2024年版)》

(1)其他水利生产经营单位应制定隐患排查治理制度，明确危险源现场管控责任人、组织管控责任人和监督责任人及其他相关人员的隐患排查治理责任、排查频次、隐患整改等要求,将重大事故隐患判定标准纳入隐患排查治理制度。

(2)其他水利生产经营单位主要负责人每季度至少一次对本单位重大事故隐患排查治理情况带队进行检查。

(3)其他水利生产经营单位相关责任人员按照制度定期对危险源管控措施落实情况进行检查,发现缺失或失效的启动隐患治理流程。

(4)一般事故隐患,发现后应立即整改。

(5)重大事故隐患,发现后应立即整改。不能立即整改的要做到责任、措施、资金、时限和预案"五落实",及时将治理进展情况向负有直接监管责任的水行政主管部门及其他相关部门报告。其他水利生产经营单位由主要负责人组织制定重大事故隐患治理方案。

5. 整改措施

(1)加强日常管护。以小型水利工程体制改革为契机,推广小型水库物业化管理方式,利用社会力量加强小型水库的日常管护,缓解基层水管单位的安全管理压力。多方筹措资金,为小型水库安全管理提供保障。

(2)加快病险水库除险加固。对未开展大坝安全鉴定工作的小型水库,要加快小型水库大坝安全鉴定工作进度。根据大坝安全鉴定结果及水库病险轻重缓急情况分批次报送除险加固计划,以此对存在安全隐患的水库进行整治,确保小型水库安全运行。

(3)重视监测设施建设。对小型水库已安装的监测设施进行全盘摸底,对未安装的水库加装水、雨、工情自动化监测设施,健全水库预测预报体系。具备条件的小型水库,可以建立水库大坝安全监测管理平台系统功能,实现远程监控水库安全运行情况,并设立水库自动化监测设施专项维护经费,确保质保期后自动化监测设施正常运行。

(4)建立应急预案体系。根据不同类型的灾害和事故,制定详细的处置流程、责任分工和资源调配方案,确保在紧急情况下能够迅速、有序地进行应急处置。同时加强人员培训和演练,定期组织应急演练,提高相关人员的应急意识和应对能力。培训包括应急预案的熟悉程度、紧急救援技能以及协同合作能力等方面,确保人员在水库出险时能够迅速、有效地采取措施,减少损失。在资源准备方面,要储备足够的应急物资,如救生设备、通信工具、抢险工具等,确保在紧急情况下能够及时调用。此外,要与相关部门建立紧密的合作关系,建立灾害信息共享机制,及时获取有关灾情、天气等信息,以便做出准确的应急判断和决策。

第5章　综合管理

5.1　运行经费方面

典型问题13　水库管理经费无稳定来源

1. 问题现象

(1)日常维护困难。水库缺乏稳定的经费来源,导致水库日常巡查、清淤、坝体维护等工作难以正常开展,导致部分设施设备存在老化、渗漏等问题。

(2)应急能力薄弱。防汛抗旱、抢险救灾等突发事件的物资储备和应急设备更新不足,安全隐患长期存在。

(3)管理人员流失。经费不足导致工资待遇低、工作环境差,专业技术人员流失严重,管理队伍老龄化。

(4)区域差异明显。经济欠发达地区的小型水库经费缺口更大,部分水库甚至处于"无人管护"状态。

(5)基础设施落后。监测设备、闸门启闭系统等技术装备陈旧,无法满足现代化水利管理需求。

2. 原因分析

(1)财政依赖单一,缺乏多元化资金来源。过度依赖政府拨款:多数小型水库的经费主要依靠地方政府财政预算,但基层财政能力有限,尤其在农业县,资金投入不足。市场化机制缺失,社会资本参与度低,缺乏通过水费征收、生态补偿、旅游开发等途径创收的机制。

(2)资金分配问题。部分地方存在"重建设轻管理"倾向,下拨的专项资金用于其他领域;配套资金不到位,部分项目要求地方配套资金,但实际执行中因财政压力难以落实,形成"半拉子工程"。

(3)管理机制不完善。产权归属模糊,部分小型水库权属不清(如集体所有、乡镇管理、村组代管等),导致责任主体不明,资金申请链条混乱。考核机制缺失,缺乏对地方政府水库管理绩效的硬性考核,导致管理责任虚化。

(4)自然与历史因素。老龄化问题突出,我国多数小型水库建于20世纪50—70年代,设计标准低,后期维护成本逐年攀升。灾害风险加剧,气候变化导致极端天气频发,水库防洪压力增大,进一步提高了维护成本。

(5)社会参与不足。公众认知有限,周边居民对水库的公益属性(如防洪、灌溉等)缺乏付费意识,水费征收困难。社会资本激励不足,缺乏吸引企业、社会组织投资的税收优惠或政策支持。

3. 造成后果

(1)安全隐患增加,由于经费不足,水库的维护和保养不到位,增加了发生事故的风险。

(2)经济损失,因缺乏资金进行维护,导致设备损坏,修复成本大幅增加,造成经济损失。

(3)社会影响,水库安全问题可能影响周边居民的生活和农业生产,造成社会不稳定。

(4)效益发挥受阻,水库无法正常发挥其应有的经济效益和社会效益。

4. 规范要求

根据《水库大坝安全管理条例》和《小型水库安全管理办法》(水安监〔2010〕200号),水库管理应当保障必要的经费来源,确保水库的安全和正常运行。《小型水库安全管理办法》(水安监〔2010〕200号)第八条规定:地方人民政府负责落实本行政区域内小型水库安全行政管理责任人,并明确其职责,协调有关部门做好小型水库安全管理工作,落实管理经费,划定工程管理范围与保护范围,组织重大安全事故应急处置。

5. 整改措施

(1)优化经费使用,对现有经费使用进行审计,提高资金使用效率。

(2)争取上级政府的专项资金支持,用于水库的维护和日常管理。

(3)提高管理效率,优化水库管理机构,提高管理效率和服务质量。通过技术手段,如自动化监测系统,降低人力成本。

(4)建立水库管理经费保障机制,确保资金来源的稳定性。

(5)加强对管理人员的培训,提高其资金申请和使用的能力。

6. 防范措施

(1)制度建设与法规完善,制定专项法规,推动地方政府出台水库管理经费保障的专项法规,确保水库管理经费有法可依。

(2)建立水库管理专项基金,通过政府拨款、社会捐助、水库经营收入等多渠道筹集资金,基金用于水库的维护、改造和日常管理,确保了水库管理经费的稳定性。

(3)动态调整经费预算,根据水库运行状况和维护需求,动态调整经费预算,优先保障关键领域和关键环节的资金需求,确保经费与实际需求相匹配。

(4)建立与地方政府和相关部门的沟通机制,确保资金申请的顺利进行。

(5)开发水库的多功能利用,通过生态产品价值转化增加收入。

5.2 调度运用方面

典型问题14 非汛期超设计标准蓄水

1. 问题现象

(1)某水库非汛期超设计标准蓄水,未采取放水措施,如图5-1所示。

图 5-1

(2)某水库非汛期超标准蓄水,水库已开展除险加固,已完工但尚未进行完工验收,现场未按照控制水位运行(要求蓄水验收前水位控制在溢洪道堰顶下 10.06 m),如图 5-2 所示。

图 5-2

(3)某水库被检查时正在进行除险加固,且非汛期超标准蓄水,如图 5-3 所示。

(4)某水库非汛期超标准蓄水,溢洪道前设挡水土坝,如图 5-4 所示。

2. 原因分析

(1)管理体制不统一、不健全。各地小型水库管理模式和管理方式各异,很多地方运行管理体系未建立或不健全,水库管理部门没有发挥好领导、组织、协调、指导、监督的作用,“三个责任人”履职不到位,部分水库责任人只“有名”,并没有真正履职。

(2)管护人员责任意识不强。一些由村集体直接管护的小型水库,管护人员基本为当地村民,专业水平低,老龄化严重,安全防范责任意识低,对水库水位的概念理解不强,对超标准蓄水的后果认识不足。

(3)主管部门未发挥监管作用。对小型水库的管理责任落实不到位,“以包代管”情况较为严重,部分地方认为小型水库只要不出安全事故即可,对水库的安全运行管理缺乏

图 5-3

图 5-4

监管手段、措施和程序，甚至一些小型水库运行管理问题被发现后也无渠道上报，不能得到及时有效处理。

3. 造成后果

（1）安全隐患。长期超标准蓄水，坝体可能失稳，引发溃坝。

（2）生态破坏。无法应对可能的大规模降雨所引发的洪水，无法减轻洪峰流量对下游地区的影响，下游生态系统可能受到洪水冲击。

（3）经济损失。下游农田、村庄可能被淹，造成财产损失。

4. 规范要求

《水库大坝安全管理条例》第二十一条规定：大坝的运行，必须在保证安全的前提下，发挥综合效益。大坝管理单位应当根据批准的计划和大坝主管部门的指令进行水库的调度运用。

5. 整改措施

（1）明确落实监管职责。为确保小型水库的安全和有效运行，必须明确落实监管职责。小型水库管理部门应制定一套全面的管理制度，确立水库管理的长远目标和具体责任，包括水库的日常维护、定期检查以及应急预案的制定与更新。管理人员需根据这些制度执行具体的管护和巡查工作，确保水库处于良好运行状态，及时识别并解决潜在的安全问题。此外，应实施定期的巡查工作情况报告制度，以及周期性的内部管理检查，以周或月为单位，确保监管措施得到落实。

（2）提升小型水库管理人员专业水平。提升小型水库管理人员的专业水平是确保水库安全运行和高效管理的关键。应定期为管理人员提供专业培训，包括水利工程知识、水库运行机制以及应急管理流程等，增强他们的理论知识和实践技能。此外，还应加强水库管理系统软件、智能监测设备等的建设，提高管理人员对水库运行状况的实时监控能力，使他们能够更准确地预测和响应各种情况。

（3）不定期开展监督检查。小型水库管理部门在非汛期应不定期对水库开展监督检查，发现水库超标准蓄水时应立即采取措施将水库降到规定水位之下，保障水库安全运行，同时为汛期防洪调度做好保障。

典型问题 15 水库汛期违规超汛限水位运行

1. 问题现象

（1）某水库溢洪道增设子堰，水库超汛限水位运行（汛限水位低于溢洪道堰顶），如图 5-5 所示。

图 5-5

（2）某水库溢洪道设挡水堰抬高水位，超汛限水位运行（汛限水位低于溢洪道堰顶），如图 5-6 所示。

（3）某水库汛期超控制运行水位运行，汛限水位低于溢洪道堰顶 4 m，如图 5-7 所示。

（4）某水库超汛限水位运行，高于溢洪道底板高程约 0.5 m，且溢洪道出水口人工设置挡水子堰，如图 5-8 所示。

2. 原因分析

（1）管护人员责任意识不强。一些由村集体直接管护的小型水库，管护人员基本为当地村民，专业水平低，老龄化严重，安全防范责任意识低，对汛限水位的概念理解不强，认为超汛限水位运行会影响工程安全。

（2）主管部门未发挥监管作用。对小型水库的管理责任落实不到位，“以包代管”情况较为严重，部分地方认为小型水库只要不出安全事故即可，对水库的安全运行管理缺乏

图 5-6

图 5-7

图 5-8

监管手段、措施和程序，甚至一些小型水库运行管理问题被发现后也无渠道上报，不能得到及时有效处理。

(3)管理单位统筹发展和安全水平不足。为增加发电、灌溉等效益，水库蓄水超过安全水位。

(4)设施设备老化。泄洪设施陈旧,年久失修,无法满足泄洪需求。

(5)监测预警不足。监测预警系统不完善,信息传递不及时,导致无法及时泄洪。

3. 造成后果

汛限水位是水库在汛期允许兴利蓄水的上限水位,是防洪调度的起调水位,是协调水库运行管理中防洪与兴利矛盾的关键。水库汛期超汛限水位运行,将导致水库不能正常发挥防洪作用,发生洪水时,可能被迫加大下泄流量,增加水库下游地区的防洪风险,或可能被迫抬升调洪运用水位,增加水库大坝等主体建筑物的安全风险和库区的淹没风险。

4. 规范要求

《水库大坝安全管理条例》第二十一条规定:大坝的运行,必须在保证安全的前提下,发挥综合效益。大坝管理单位应当根据批准的计划和大坝主管部门的指令进行水库的调度运用。

在汛期,综合利用的水库,其调度运用必须服从防汛指挥机构的统一指挥;以发电为主的水库,其汛限水位以上的防洪库容及其洪水调度运用,必须服从防汛指挥机构的统一指挥。

5. 整改措施

(1)压紧压实管护责任,严格追责问责。强化小型水库主体责任,逐级细化管理责任,强化相关责任人履职尽责。落实行政领导小型水库防汛安全责任人,从政府防汛责任层面全面压实落实县、乡镇政府管理责任。小型水库管理部门应制定一套全面的管理制度,确立水库管理的长远目标和具体责任,包括水库的日常维护、定期检查以及应急预案的制定与更新。管理人员需根据这些制度执行具体的管护和巡查工作,确保水库处于良好运行状态,及时识别并解决潜在的安全问题。此外,应实施定期的巡查工作情况报告制度,以及周期性的内部管理检查,以周或月为单位,确保监管措施得到落实。

(2)提升小型水库管理人员专业水平。提升小型水库管理人员的专业水平是确保水库安全运行和高效管理的关键。应定期为管理人员提供专业培训,包括水利工程知识、水库运行机制以及应急管理流程等,增强他们的理论知识和实践技能。此外,还应加强水库管理系统软件、智能监测设备等的建设,提高管理人员对水库运行状况的实时监控能力,使他们能够更准确地预测和响应各种情况。

(3)汛期加强监督检查。地方政府及相关部门大力开展运行管理督查检查,在汛期应加强对水库的监督检查,尤其是汛限水位监督检查,建立问题台账,实行对账销号。发现水库超汛限水位时应立即采取放水措施将水库降到汛限水位之下,保障水库安全运行。

典型问题 16　安全鉴定为三类坝且未按规定控制蓄水运行

1. 问题现象

(1)某水库安全鉴定为三类坝,未按规定控制蓄水运行:水库开展除险加固时开闸放水,但现场观测水位仍有 292 m,未按批复的“蓄水验收前不蓄水”运行(水库死水位 287.1 m),如图 5-9 所示。

(2)某水库安全鉴定为三类坝,水库水位未按调度运用方案降至死水位以下,如图 5-10 所示。

图 5-9

图 5-10

(3)某水库安全鉴定为三类坝,未按水库调度运用计划批复进行空库运行,如图 5-11 所示。

图 5-11

(4)某水库安全鉴定为三类坝,实施除险加固时未采取限制运用措施,溢洪道进口被人为封堵,导致水库蓄水位高于溢洪道底板高程,如图 5-12 所示。

图 5-12

(5)某水库安全鉴定为三类坝,未采取限制运用措施,库水位距坝顶最低处仅约 0.5 m,未采取放水措施,如图 5-13 所示。

图 5-13

2. 原因分析

(1)地方政府方面,对小型水库重视不足。地方政府对小型水库日常维修养护工作重视不够,风险认识不足、常年思想麻痹。地方政府认为小型水库集水面积小、上游来水少,加之一些地区水库多年未发生重大险情,地方政府存在麻痹思想和侥幸心理。

(2)管护主体方面,对小型水库运行管护履责不到位。从检查结果来看,各类管护主体也没有很好地履行安全运行监管责任。一是小型水库责任主体和管养权责不清晰,存在当地行政村、乡镇水利站、小水电站等多种责任主体,小型水库的所有权、使用权等确权不清晰,在责任履行方面存在推诿扯皮现象。二是有的管护主体为了私人收益,无视运行管理风险。如小水电站管理的水库存在电站管理人员追求经济效益,不按规定控制蓄水。

(3)其他方面。技术力量薄弱,基层水利部门缺乏专业技术人员,无法准确评估风险或者制定有效的应急预案;政策执行不到位,安全鉴定后整改程序复杂(如立项、设计、招标周期长),或监管缺位,导致整改措施滞后。

3. 造成后果

(1)增加溃坝风险。三类坝存在结构性缺陷(如坝体渗漏、裂缝、滑坡等)或防洪能力不足,蓄水可能引发溃坝,威胁下游居民生命财产安全,甚至造成重大社会灾害。

(2)加剧工程损坏。持续蓄水会加速坝体、溢洪道、输水设施等关键部位的损坏,导致裂缝扩大、渗漏加剧,最终可能完全丧失水库功能。

4. 规范要求

《水库大坝安全鉴定办法》(水建管〔2003〕271号)第十六条规定:鉴定组织单位应当根据大坝安全鉴定结果,采取相应的调度管理措施,加强大坝安全管理。

对鉴定为三类坝、二类坝的水库,鉴定组织单位应当对可能出现的溃坝方式和对下游可能造成的损失进行评估,并采取除险加固、降等或报废等措施予以处理。在处理措施未落实或未完成之前,应制定保坝应急措施,并限制运用。

5. 整改措施

(1)严格落实安全管控,加强安全运行监督检查。对三类坝立即采取空库或限制水位措施,禁止超限蓄水,设立警示标志。建立动态监测系统,实时监控坝体位移、渗流、水位等关键指标。水利部门要继续开展小型水库工程的安全运行管理监督检查工作,及时发现小型水库运行管理中的问题;地方水利部门要持续开展整改,举一反三,持续提升小型水库的安全运行管理水平,确保工程安全和效益持续发挥。

(2)强化责任追究机制。明确地方政府、水利部门和水库管理单位的三方责任,实行"一库一责任"制度。多渠道筹措资金,地方配套资金优先保障水库安全。探索引入社会资本或保险制度,分担治理成本。

(3)提升基层技术能力。提升小型水库管理人员的专业水平是确保水库安全运行和高效管理的关键。应定期为管理人员提供专业培训,包括水利工程知识、水库运行机制以及应急管理流程等,增强理论知识和实践技能。鼓励第三方专业机构参与安全评估和工程验收。完善应急预案,定期组织演练。

5.3 安全鉴定

典型问题17 未按要求开展大坝安全鉴定

1. 问题现象

(1)某水库2004年建成至今未开展过安全鉴定,工程维护差,如图5-14所示。

(2)某水库坝后渗流明显(见图5-15),溢洪道出水段侧墙已冲毁,自建成未开展过安全鉴定。

(3)某水库未按周期要求进行定期安全鉴定。

(4)某水库鉴定程序不规范,如未委托有资质的单位或未按标准执行。

图 5-14

图 5-15

(5)某水库鉴定报告不完整或质量不达标,无法真实反映水库安全状况。

2. 原因分析

(1)主观原因。安全意识薄弱,管理者存在侥幸心理,认为小型水库“规模小、风险低”,忽视安全鉴定的必要性。对水库老化、极端天气等潜在风险缺乏科学认知;责任落实不到位,管理权责划分模糊,部门间推诿拖延,导致工作无人牵头。绩效考核机制不完善,缺乏对安全鉴定的刚性约束;专业能力不足。基层管理人员缺乏安全评估知识,无法独立开展或监督鉴定工作。对鉴定流程(如检测项目、技术标准等)不熟悉,导致执行偏差。

(2)客观原因。经费短缺,小型水库维护资金有限,优先用于应急抢险,鉴定费用常被挤占;技术力量薄弱。偏远地区缺乏专业机构或设备,难以满足技术要求;政策执行滞后。地方监管力度不足,未形成常态化检查机制;突发事件干扰。如洪涝灾害导致人力、资金临时转向救灾,延误原定计划;历史遗留问题。老旧水库档案缺失,基础数据不全,增加鉴定难度。

3. 造成后果

（1）安全隐患升级。坝体渗漏、裂缝、闸门老化等问题未及时发现，可能引发溃坝事故；库区边坡失稳、泄洪能力不足等问题在极端天气下威胁下游居民安全；淤积、渗漏导致蓄水量下降，影响农业灌溉、供水保障等核心功能，机电设备老化可能造成应急调度失灵。

（2）造成经济损失。未及时开展安全鉴定无法及时发现隐患，隐患拖延导致后期维修成本成倍增加（如溃坝后重建费用远高于定期维护费用）。水库功能失效可能引发农业减产、工业停水等间接经济损失。

4. 规范要求

《水库大坝安全鉴定办法》（水建管〔2003〕271号）第五条规定：大坝实行定期安全鉴定制度，首次安全鉴定应在竣工验收后5年内进行，以后应每隔6~10年进行一次。运行中遭遇特大洪水、强烈地震、工程发生重大事故或出现影响安全的异常现象后，应组织专门的安全鉴定。

5. 整改措施

（1）提高安全鉴定重视程度。安全鉴定是确保小型水库安全运行的基础性工作，地方政府和水库主管部门应提高责任意识，从根本上认识水库安全鉴定工作的重要性，积极多渠道筹措并足额落实安全鉴定经费。同时，应加强监督与管理，确保各小型水库能按期开展安全鉴定。对安全鉴定承担单位，应建立质量与信用评价体系，对技术力量不满足要求、安全鉴定工作不到位的承担单位，应限制其承担相关业务并采取相应的惩戒措施。

（2）提醒安全鉴定，定期通报进度。定期由专人负责统计超过安全鉴定时限和临近安全鉴定时限的小型水库名单，定期调度，提醒各地提前组织鉴定工作。对于安全鉴定进展缓慢的地区，加大检查指导力度。每年汇总各地小型水库安全鉴定情况并上报水利部，根据统计结果，通报各地小型水库安全鉴定完成情况。

（3）争取资金，优选鉴定承担单位。由于小型水库安全鉴定没有专项资金支持，鼓励各地争取地方资金解决。地方可以组建水库大坝鉴定工作小组，专门负责大坝安全鉴定工作，通过对每一座水库的调查了解，详细摸清水库问题底数，概算任务投资，积极主动向政府反复汇报，并以正式文件上报政府争取安全鉴定所需资金。待资金落实后，以打捆发包的形式，通过招标投标程序，选择能力、信用较好的鉴定承担单位，以合同形式确定工作任务和时间节点，有效推进安全鉴定工作。

典型问题18 鉴定或认定结论尚未处理

1. 问题现象

（1）某水库2020年6月被鉴定为二类坝。鉴定报告建议对大坝坝顶加高或增设防浪墙，截至2022年6月检查时，此项内容未实施。

（2）某水库2020年5月被鉴定为二类坝。鉴定报告建议增设大坝安全监测设施，截至2021年6月检查时，此项内容未实施。

2. 原因分析

（1）资金不足。上级财政拨给每座小型水库的资金固定，有些地方小型水库经费仅支持水库日常管理,包括日常工程面貌维护、日常巡视等,对于安全鉴定提出的问题,整改资金紧张或者需要申请专项经费,等待经费保障到位后再行处理,若经费无法保障,只能不定期处理安全鉴定提出的问题,问题整改周期较长。

(2)管理不善。水库管理单位存在管理不善、责任不清等问题,导致安全鉴定问题迟迟未处理。

(3)技术力量薄弱。缺乏专业的技术人员和设备,导致处理拖延。

3. 造成后果

(1)渗漏加剧。安全鉴定发现的问题,如渗漏未及时处理,可能导致水库蓄水能力下降,严重时甚至引发溃坝,威胁下游居民生命财产安全;长期渗漏会侵蚀坝体结构,降低水库的稳定性和安全性。

(2)结构破坏。未处理的问题可能进一步导致坝体结构破坏。结构破坏会加速水库老化,增加维修成本,甚至引发突发性灾害。

(3)经济损失。安全鉴定发现的问题不及时处理,导致隐患风险扩大,后期维护成本进一步提高。

4. 规范要求

《水库大坝安全鉴定办法》(水建管〔2003〕271 号)第十六条规定:鉴定组织单位应当根据大坝安全鉴定结果,采取相应的调度管理措施,加强大坝安全管理。

对鉴定为三类坝、二类坝的水库,鉴定组织单位应当对可能出现的溃坝方式和对下游可能造成的损失进行评估,并采取除险加固、降等或报废等措施予以处理。在处理措施未落实或未完成之前,应制定保坝应急措施,并限制运用。

5. 整改措施

(1)落实经费保障。积极筹措资金实施安全鉴定提出的问题整改,在处理措施未实施前,应采取临时性防护措施。

(2)加强管理。建立健全水库管理制度,明确管理责任,加强监督检查。对于安全鉴定提出的问题,明确责任人员,制定整改方案并实施。

(3)提升技术水平。引进专业技术人员和设备,确保问题处理的及时性、科学性和有效性。

5.4 应急管理

典型问题 19 未储备必要的应急物资

1. 问题现象

(1)水库未按照规定储备足够的沙袋,导致在洪水期间无法及时加固坝体。

(2)水库缺少必要的块石,使得在坝体出现裂缝时无法迅速进行堵塞。

(3)水库由于管理疏忽,储备的砂石质量不达标,无法在紧急情况下使用。

(4)水库应急物资储备区域未进行定期检查,导致部分物资过期失效。

(5)水库在高风险季节未能及时补充应急物资,导致物资短缺。

2. 原因分析

(1)管理意识不足。水库管理单位对应急物资的重要性认识不足,缺乏对可能发生的紧急情况的预见性。缺乏对应急物资储备规范和标准的了解,导致未能按照规定进行物资储备,或者未能根据坝型特点选择合适的应急物资。

(2)物资管理不善。水库管理部门未能制定或执行有效的物资储备和检查制度,导致物资采购、存储和维护不当。物资储备缺乏定期检查和更新,导致物资过期或损坏。

(3)人员培训缺失。水库管理人员对应急物资储备的重要性认识不足,缺乏必要的培训,不了解如何正确识别、储备和管理应急物资,缺乏对应急物资使用和维护的专业技能。

(4)风险评估不到位。未能进行充分的风险评估,未能识别出水库可能面临的具体风险和应急物资需求。缺乏对历史数据和类似事件的分析,导致无法准确预测和准备必要的应急物资。

(5)环境和物流因素。地理位置偏远或交通不便,导致物资采购和运输困难。极端天气和自然灾害会影响物资的采购与运输,特别是在紧急情况下。

(6)监管和问责机制不健全。缺乏对水库管理单位物资储备情况的监管和检查,导致问题长时间未被发现和解决。问责机制不明确,导致管理人员对物资储备的责任意识不强。

3. 造成后果

(1)应急能力不足。缺乏必要的应急物资会降低水库管理单位在紧急情况下的响应能力,延长救援时间,减少救援效率。

(2)人员伤亡风险增加。缺乏救生设备等物资,在发生溺水等事故时,可能会造成人员伤亡。

(3)经济损失。无法及时控制险情,可能导致下游地区财产损失加剧。

4. 规范要求

根据水库大坝安全管理规定,水库管理单位必须根据坝型和可能面临的风险,储备相应的应急物资,包括但不限于袋类、砂石、块石等物料,并定期进行检查和更新。

5. 整改措施

(1)完善物资储备制度。制定或更新水库应急物资储备制度,明确物资储备的种类、数量、质量和储存条件。建立定期检查和维护机制,及时补充和更新过期或损坏的物资,确保所有物资处于可用状态。

(2)人员培训与能力建设。对水库管理人员进行应急物资管理的专业培训,提高其对应急物资储备重要性的认识和应急物资管理能力。定期组织应急演练,提高人员对应急物资使用和维护的实际操作能力。

(3)风险评估与物资需求分析。定期进行水库安全风险评估,根据评估结果确定物资储备需求。分析历史事件和类似水库的应急物资使用情况,合理预测和储备必需物资。

(4)加强监督与检查。定期对应急物资储备情况进行监督检查,确保应急物资储备符合规定要求。对检查中发现的问题及时整改,并跟踪整改效果。

(5)信息共享与协调机制。建立与其他应急响应部门的信息共享机制,确保在紧急情况下能够及时获取和调配物资。与供应商建立稳定的合作关系，确保在紧急情况下能够迅速补充物资。

（6）技术和物流支持。利用现代物流技术优化物资的采购和运输流程，减少因地理位置偏远或交通不便带来的影响。

（7）应急预案的制定与更新。制定和定期更新应急预案，包括应急物资的使用和调配流程。确保应急预案中包含对应急物资储备的明确指导和操作流程。

6. 防范措施

（1）制定和更新应急物资储备计划。根据水库的具体特点和可能面临的风险，制定详细的应急物资储备计划。定期更新应急物资储备计划，以反映新的威胁、物资状态和技术进步。

（2）建立应急物资储备标准。确定各类应急物资的储备标准，包括应急物资种类、数量和储存条件。确保所有应急物资都符合国家和行业标准，适用于水库的应急响应需求。

（3）定期检查和维护。实施定期的应急物资检查和维护计划，确保所有应急物资处于良好状态。及时更换过期或损坏的应急物资，确保应急时能够立即使用。

（4）风险评估和应急演练。定期进行风险评估，识别可能的威胁和薄弱环节。定期组织应急演练，检验应急物资的使用效率和人员的应急能力。

典型问题 20　防汛通道和通信手段不满足应急抢险需要

1. 问题现象

（1）某水库无防汛道路，需要走山路才能到达大坝，如图 5-16~图 5-18 所示。

图 5-16

（2）某水库无防汛道路，需要翻越岩石到达大坝，如图 5-19 所示。

（3）某水库安装的 3 个信号放大器已损坏，水库大坝处无通信信号，如图 5-20 所示。

2. 原因分析

（1）建设标准低。部分小型水库建设年代较早，防汛通道和通信设施标准较低，难以满足现代防汛需求。

图 5-17

图 5-18

图 5-19

图 5-20

(2)维护不足。缺乏定期维护,导致防汛通道损坏、通信设备老化,影响正常使用。

(3)管理不到位。责任不明确,管理混乱,导致防汛通道被占用或通信设施维护不及时。

(4)资金短缺。小型水库资金有限,难以投入足够资源用于防汛通道和通信设施的建设与维护。

3. 造成后果

(1)无法保障应急车辆的快速响应。在洪水等自然灾害发生时,应急车辆的快速到达和响应至关重要。防汛道路能够确保这些车辆在最短时间内抵达灾害现场,从而进行及时有效的救援工作。

(2)不利于开展防汛抢险工作。防汛道路的畅通是防汛抢险工作的基本保证。良好的道路条件可以支持防汛队伍、机械和物资的快速到达,为抢险救灾工作争取宝贵时间。

(3)不利于人员撤离和物资运输。防汛道路对于受洪水威胁的当地居民来说是生命线。道路的畅通可以确保人员和救援物资的及时疏散与分配,保障人民的生命安全。

(4)降低了灾害应对能力。通过硬底化的防汛道路,可以提升水库的防洪能力,减少因道路不畅导致的救援延迟,从而有效减轻洪水灾害的影响。

4. 规范要求

《小型水库安全管理办法》(水安监〔2010〕200 号)第十七条规定:小型水库应有到达枢纽主要建筑物的必要交通条件,配备必要的管理用房。防汛道路应到达坝肩或坝下,道路标准应满足防汛抢险要求。

第十八条规定:小型水库应配备必要的通信设施,满足汛期报汛或紧急情况下报警的要求。对重要小型水库应具备两种以上的有效通信手段,其他小型水库应具备一种以上的有效通信手段。

5. 整改措施

(1)提高建设标准。新建或改造小型水库时,应严格按照现行标准设计和建设防汛通道及通信设施,确保其满足应急抢险需求。

(2)加强维护保养。建立健全维护制度,定期检查和维护防汛通道及通信设施,确保其正常运行。

(3)明确管理责任。落实管理责任,加强监督检查,防止防汛通道被占用或通信设施维护不到位。

(4)加大资金投入。申请资金支持,鼓励社会资本参与,为小型水库防汛通道和通信设施的建设与维护提供保障。

(5)应用新技术。推广无人机、卫星通信等新技术,提升防汛通信的可靠性和效率。

5.5 其　他

典型问题21　大坝管理和保护范围内存在危害大坝安全的行为

1. 问题现象

(1)某水库管理范围内有高速公路桥墩坐落在坝体断面正中,坝顶高程明显降低,坝体结构被破坏,存在重大安全隐患,如图5-21所示。

图5-21

(2)某水库管理范围内存在挖土机取土行为,如图5-22所示。

(3)某水库大坝右侧部分坝脚被一石材加工厂兴建厂房时挖除,形成约2 m高临空面,如图5-23所示。

(4)某水库在管理范围内修筑道路,抬高泄洪道底高程约1.1 m,如图5-24所示。

2. 原因分析

(1)法律意识淡薄与宣传教育不足。部分企业和个人对《水库大坝安全管理条例》《中华人民共和国河道管理条例》等法规认知不足,甚至存在"法不责众"的侥幸心理。对挖沙、取土等破坏大坝的严重后果缺乏认识,仅关注短期利益。同时,地方宣传力度不足,未能形成全民护坝的社会氛围。

(2)经济利益驱动与资源利用冲突。挖沙、取土等活动多由经济利益驱动,尤其在砂石资源需求旺盛的背景下,非法采砂企业或个人为降低成本,选择在管理范围内违规作

图 5-22

图 5-23

图 5-24

业，且部分地区对砂石资源开发的规划不足，导致合法开采区与保护区界限模糊，矛盾加剧。

(3)监管体系薄弱与执法力度不足。尽管法律明确禁止相关行为，但实践中存在监管盲区。水库管理单位因巡查频次低、技术手段落后（如监控设备未覆盖）导致违法行为难以及时发现。此外，多部门协同机制不健全，水利、环保、公安等部门职责交叉，可能出现推诿情况，无法及时制止违法行为。

(4)历史遗留问题与地方保护主义。部分区域因早期规划缺失或管理权属不清，遗留大量未划界的大坝保护范围，给违法活动提供可乘之机。个别地方政府为追求经济增长，对违规企业采取默许态度，甚至存在“以罚代管”现象。

3. 造成后果

(1)直接威胁大坝结构与防洪安全。在坝体附近取土、挖沙会降低坝体稳定性，破坏防渗结构，出现渗水等隐患，增加溃坝风险。此外，修坟等活动可能破坏大坝观测、通信等设施，影响应急响应能力。

(2)引发社会与经济连锁反应。大坝安全危及下游城镇、交通干线及工矿区，易造成重大财产损失和人员伤亡。例如，私挖盗采行为需投入大量资源进行地质灾害治理，增加公共财政负担。此外，违法行为破坏社会公平，损害政府公信力。

4. 规范要求

1)《中华人民共和国水法》

第七十二条 有下列行为之一，构成犯罪的，依照刑法的有关规定追究刑事责任；尚不够刑事处罚，且防洪法未作规定的，由县级以上地方人民政府水行政主管部门或者流域管理机构依据职权，责令停止违法行为，采取补救措施，处一万元以上五万元以下的罚款；违反治安管理处罚法的，由公安机关依法给予治安管理处罚；给他人造成损失的，依法承担赔偿责任：(一)侵占、毁坏水工程及堤防、护岸等有关设施，毁坏防汛、水文监测、水文地质监测设施的；(二)在水工程保护范围内，从事影响水工程运行和危害水工程安全的爆破、打井、采石、取土等活动的。

2)《水库大坝安全管理条例》

第二十九条 违反本条例规定，有下列行为之一的，由大坝主管部门责令其停止违法行为，赔偿损失，采取补救措施，可以并处罚款；应当给予治安管理处罚的，由公安机关依照《中华人民共和国治安管理处罚法》的规定处罚；构成犯罪的，依法追究刑事责任：(一)毁坏大坝或者其观测、通信、动力、照明、交通、消防等管理设施的；(二)在大坝管理和保护范围内进行爆破、打井、采石、采矿、取土、挖沙、修坟等危害大坝安全活动的；(三)擅自操作大坝的泄洪闸门、输水闸门以及其他设施，破坏大坝正常运行的；(四)在库区内围垦的；(五)在坝体修建码头、渠道或者堆放杂物、晾晒粮草的；(六)擅自在大坝管理和保护范围内修建码头、鱼塘的。

5. 整改措施

(1)强化法律执行与责任追究。依据《水库大坝安全管理条例》第二十九条，对违法行为采取“责令停止、赔偿损失、罚款、治安处罚直至追究刑事责任”的多层次处罚措施，严格执法，形成震慑。

(2)完善监管技术手段与联动机制。建立镇、村两级巡查制度，明确责任分工，对失职部门实施问责。科技赋能，推广无人机巡查、卫星遥感监测技术，结合视频监控系统，实现违法行为智能识别与实时预警。

(3)提升跨部门协同效能。构建水利、公安、自然资源等部门联合执法平台，定期开展专项整治行动。

(4)深化宣传教育与公众参与。通过案例解析、公益广告等形式普及《中华人民共和国水法》《中华人民共和国防洪法》等法律法规。设立举报电话,对有效举报给予奖励,形成社会监督网络。

典型问题 22 在水库管理范围内违规建设房屋、养殖场等

1. 问题现象

(1)某水库在坝顶管理用房旁边建有养殖围栏,如图 5-25 所示。

图 5-25

(2)某水库在坝体、溢洪道及坝后工程管理范围内开挖、填土、修建停车场,如图 5-26 所示。

图 5-26

(3)某水库左坝端搭建钓鱼平台、右坝端搭建混凝土平台等,如图 5-27 所示。

(4)某水库主坝迎水坡右侧搭建栈桥及平台,如图 5-28 所示。

(5)某水库右坝端启闭机房左侧违章搭建廊道,启闭机房右侧搭建观景平台,如图 5-29 所示。

2. 原因分析

(1)随着土地资源价值的提升,一些个人和单位为了获取经济利益,无视法律规定,非法占用水库资源进行建设和养殖,如在水库管理范围内建设养殖场,影响了水库的正常

图 5-27

图 5-28

图 5-29

功能和安全。

(2)部分个人和单位对水法律法规缺乏了解,忽视了在水库管理等范围内建设的法律规定,如《中华人民共和国水法》和《中华人民共和国防洪法》等,这些规定明确禁止在水库管理等范围内弃置阻碍行洪的物体和建设妨碍行洪的建筑物。

(3)一些地区的水库监管机制不够完善,监管部门在执法过程中存在推诿扯皮和执法不严的情况,导致违规成本较低,无法有效遏制违法行为。

(4)生态保护意识缺乏。部分地区对生态保护的重要性认识不足,忽视了水库作为重要自然资源的生态功能和保护要求,导致在水库周围进行各种可能影响水质和生态的活动。

3. 造成后果

侵占水库、在水库管理范围内建设妨碍行洪的建筑物、构筑物,倾倒垃圾、渣土,从事影响河势稳定、危害河岸堤防安全和其他妨碍河道行洪的活动,饲养家畜家禽、开垦种菜,河岸毁绿种菜、搭设构筑物散养家禽等行为,都将严重影响水库调蓄功能、污染水质,如果不能及时阻止,水库管理范围也将被侵占得越来越小,未来执法的阻力也会更强,最终导致水库的“生存空间”越来越小。

4. 规范要求

《中华人民共和国水法》第三十七条第二款规定:禁止在河道管理范围内建设妨碍行洪的建筑物、构筑物以及从事影响河势稳定、危害河岸堤防安全和其他妨碍河道行洪的活动。

5. 整改措施

(1)加强法律法规宣传。通过广播、电视、网络等多种渠道,加强水库管理相关法律法规的宣传,提高群众和企业的法律意识。

(2)严格执法查处。建立联合执法机制,对违规建设行为进行严厉查处,责令限期拆除违法建筑,恢复水库管理范围内的原状。

(3)加强巡查监管。建立定期巡查机制,加强对水库管理范围内的巡查和监管,及时发现和制止违规建设行为。

(4)引入科技手段。利用无人机、遥感等科技手段,提高巡查效率和准确性,及时发现和处理违规建设问题。

第6章　主体建筑物

6.1　挡水建筑物

典型问题23　土石坝渗流异常，出现流土、管涌、漏洞或散浸现象

1. 问题现象

(1)某水库坝后大面积渗水(已近形成沼泽)1处、小面积渗水2处，坝脚紧靠水塘，如图6-1、图6-2所示。

图6-1

图6-2

(2)某水库坝后有1处明显渗水、2处散浸现象,如图6-3所示。

图 6-3

(3)某水库坝脚存在大范围散浸、土体软化现象,有明显渗漏,如图6-4所示。

图 6-4

(4)某水库大坝下游护坡坡脚部位没有设置贴坡排水,坡脚底部存在多处散浸情况,且已形成明显水流,如图6-5所示。

2. 原因分析

土石坝按渗漏发生的位置可分为坝体渗漏、坝基渗漏、绕坝渗漏、接触渗漏等;按渗漏性质可分为正常渗漏和异常渗漏。

1)坝体渗漏

坝体渗漏是土石坝渗漏病险最常见的类型之一。坝体渗漏的逸出点一般发生在背水面坡或坡脚处,按其渗漏特征可分为散浸和集中渗漏两种。坝体渗漏是指大坝内部发生冲蚀破坏,大坝坝前水位升高,大坝坝体渗透坡降会随着浸润线的不断抬高而逐渐增大。

图 6-5

如果大坝坝体碾压质量不好或存在明显渗漏通道，渗透坡降会急剧增大，一旦大于临界坡降，土体就会发生渗透破坏。坝体渗漏类型主要分为管涌、流土、接触流土等。坝体渗漏与大坝筑坝材料特性及力学特性有直接关系，大坝坝体填筑质量较差导致的坝体填筑材料的级配、黏粒含量、干密度、密实度欠佳以及渗流系数过大，或斜墙、心墙等防渗体在结合处出现裂缝产生的渗漏通道等均会导致坝体出现渗漏问题。

2）坝基渗漏

坝基渗漏主要是由施工时大坝透水地基未处理或处理不当，或后期运行时坝基防渗措施失效引起的。对于地基为砂砾石层或砂层等深覆盖层的强透水地基而言，地基本身的渗透坡降已经较大，如果没有采取针对性的防渗措施，地基处的渗透坡降就会超出土层的临界允许渗透坡降，水流就会很容易地从坝脚处或坝脚以外区域的薄弱处渗出，导致坝后出现沼泽化流土、管涌现象，严重的会直接产生浑水和翻砂现象，导致大坝下游出现大面积塌方。

实际工程中出现坝基渗漏问题的主要原因有：①地质勘探工作不仔细，导致设计、施工中清基不彻底，引起坝基与坝体接触面渗水。②坝基防渗措施未与不透水层相接或防渗措施施工质量不佳、设计尺寸不合适。③铺盖裂缝产生的渗漏，其原因是施工不当、坝体基础不均匀沉降、铺盖长度不够或铺盖太薄被渗水击穿，导致铺盖失去防渗作用。

3）绕坝渗漏

绕坝渗漏是指水库竣工蓄水后，渗水绕过大坝左右岸坝头，通过左右岸山体中未探明的坡积层、岩石裂缝、溶洞等不良地质渗漏通道，由下游岸坡渗透的现象。绕坝渗漏可能沿着坝岸结合面引起集中渗漏，也可能沿着两岸岩土体向下游渗漏。轻微的绕坝渗漏会在大坝岸坡背后出现浸湿、潮湿或小股清水渗流现象。较严重的绕坝渗漏会抬高坝体内部浸润线，形成集中渗漏通道，甚至会引起岸坡软化，引发岸坡滑坡与塌陷等地质灾害，严重影响土石坝的安全运行。

绕坝渗漏的主要原因如下：

（1）大坝两岸地质条件差，施工中未能采取有效的措施。这是造成大坝绕坝渗漏问题的内因。一是土石坝两岸岩体覆盖层单薄破碎、岩层节理裂隙发育、有断层通过、存在透水性过大的风化岩层,同时施工中未做特殊处理。二是还有一大批年代久远的水库会因为经济、技术等客观原因,勘探时尚未对两岸地质条件进行详细了解,导致设计未提出有效的防渗措施。

(2)大坝坝头与岸坡连接处未进行处理或处理措施质量不符合规范要求。如当两岸接头处采用截水槽时,施工必须严格控制开挖标准,不能在开挖过程中破坏透水性很小的天然防渗铺盖,暴露内部的不透水层,这样反而会加剧绕坝渗漏。

4)接触渗漏

接触渗漏一般发生在坝体、坝基及岸坡的接触面或坝体与其他刚性建筑物如坝下涵管的接触面处。这种渗漏类型是设计和施工等原因造成的,设计不合理、施工不规范,导致大坝与其他建筑物结合处会形成渗漏薄弱区而发生冲刷、淘蚀现象,导致垮坝溃坝。

这里以土石坝坝下涵管为例,具体说明发生渗漏破坏的主要原因如下:

(1)地基不均匀沉降。土石坝坝下涵管多见于小型土石坝,坝下涵管基础部分在坚硬基岩上,部分在软土地基上或全部未坐落在基岩上。这样会导致涵管地基软硬不均或较软,涵管本身在顺水向所受荷载大小不同,最终由于涵管沉陷不均而逐渐出现环向裂缝,从而引起涵管断裂,造成渗漏而形成渗漏通道。

(2)涵管结构设计或强度不符合要求。涵管在荷载突变处未设分缝处理或分缝间距过大,涵管结合处未设置截水环或截水环布置不当,这些不符合规范和标准的涵管结构设计均是土石坝坝下涵管发生渗漏破坏的原因。

(3)施工质量是保证涵管安全的重要环节。涵管伸缩缝、截水环等重要结合部位施工质量较差会直接造成涵管发生渗漏或漏水现象。

3. 造成后果

如果坝身、坝基渗漏过大,会产生以下危害:

(1)损失蓄水量。水库大多坝身、坝基透水性比较强,若防渗不当,则水库水大量下渗,减少水库应有蓄水量,降低工程效益,甚至导致水库无法蓄水,并引发水库周围土地沼泽化,污染环境。

(2)浸润线过高,影响坝体稳定。严重的坝身、坝基渗漏,常会导致坝身浸润线抬高,使下游坝坡出现散浸现象,降低坝体的抗剪强度,甚至造成坝体滑坡。

(3)渗透破坏。在坝身或坝基发生渗流时,若渗流的渗透坡降大于临界坡降,将诱使土体发生管涌或流土等渗透变形,甚至产生集中渗漏,导致水库失事。

4. 规范要求

《土石坝养护修理规程》(SL 210—2015)规定如下:

(1)土石坝日常巡视检查中的大坝渗漏。包括坝体、坝基渗漏,绕坝渗流,以及渗漏的类型、部位、渗漏量、规模、水质和溶蚀现象等,尤其应重点关注土石结合部的渗漏状况。

(2)大坝渗漏处理包括坝体渗漏处理、坝基渗漏处理与绕坝渗漏处理。当坝体与坝基或坝肩同时存在异常渗漏时,应结合具体渗漏情况进行综合处理。

5. 监测方法

对于土石坝,通常在大坝下游能够汇聚渗流水的地方设置集水沟和量水设备,集水沟和量水设备应布置在不受泄水建筑物泄洪以及坝面和两岸雨水排泄影响的地方。将坝体、坝基排水设施的渗水集中引至集水沟,在集水沟出口进行观测;也可分区设置集水沟进行观测,最后汇至总集水沟观测总渗流量。

1)渗流量监测

常用的渗流量监测方法有容积法、量水堰法和测流速法,可根据渗流量的大小和汇聚条件选用。

(1)容积法,适用于渗流量小于1 L/s时的渗流监测。具体监测时,可采用容器(如量筒)对一定时间内的渗水总量进行计量,除以时间得出单位时间的渗流量。如果渗流量较大,可采用过磅称重的方法对渗流量进行计量。充水时间不应少于10 s。平行2次测量的流量差不应大于均值的5%。

(2)量水堰法,适用于渗流量为1~300 L/s时的渗流监测。用水尺量测堰前水位,根据堰顶高程计算堰上水头H,再由H按量水堰流量公式计算渗流量。量水堰按断面可分为直角三角形堰、梯形堰、矩形堰。水尺的水位读数应精确至1 mm,测针的水位读数应精确至0.1 mm,堰上水头两次监测值之差不应大于1 mm。量水堰堰口高程及水尺、测针零点应定期校测,每年至少1次。

(3)测流速法,适用于渗流量大于300 L/s时的渗流监测。将渗流水引入排水沟,只要测量排水沟内的平均流速就能得出渗流量。可采用流速仪法或浮标法。2次流量测值之差不应大于均值的10%。在监测渗流量的同时,应测记相应渗漏水的温度、透明度和气温。温度应精确到0.5 ℃。

2)渗水水质监测

在水工建筑物上游水体和渗水出流部位取水样进行化学分析,对比可溶性物质成分和含量,据此分析渗水可溶物的数量和速度。水质分析方法主要有化学法、电化学法、原子吸收分光光度法、离子选择电极法、离子色谱法、气相色谱法等。在常规监测中普遍采用离子选择电极法(定性、定量)和化学法(重量法、容量滴定法和分光光度法)。

渗流水的水质分析,可根据需要进行全分析或简分析,但宜仅限于简分析。水质分析项目及取样要求,可参照有关专业规定进行。当对坝体或坝基渗流水进行水质分析时,宜同时取库水水样做相同项目的分析,以便对比。

6. 整改措施

处理渗漏的原则是“上堵下排”。“上堵”的措施有垂直防渗和水平防渗。“下排”的措施有在坝体背水坡脚附近开挖导渗沟、减压井等。

上游水平防渗措施一般有水平黏土铺盖和铺土工膜等。它可以增加渗径、降低渗透坡降,减少渗漏量,但不能完全截断渗流。防渗铺盖的优点是造价低、施工简单,但当长度超过一定限度后,防渗效果并不能显著增加。其中,水平黏土铺盖分为利用天然黏土和人工填筑黏土两种。垂直防渗方案一般有黏土截水槽防渗、帷幕灌浆防渗、高压喷射灌浆防渗、混凝土防渗墙、劈裂灌浆防渗、冲抓套井回填黏土防渗、土工合成材料防渗、射水造孔混凝土防渗等。与水平防渗相比,垂直防渗能够可靠、有效地截断渗流,在不完全封闭透水地基的情况下防渗效率也比水平防渗高。在技术可行、经济合理的前提下,应优先采用垂直防渗方案。

针对大坝不同类型渗漏的防渗处理措施主要有以下几种:

(1)坝基防渗处理措施:一是对坝基进行帷幕灌浆处理,通过灌浆在坝基中形成防渗帷幕,控制透水层的渗漏,减少渗流量,防止坝基受侵蚀作用而产生集中渗流、冲刷等现象。二是设置截水槽,坝基强透水覆盖层及基岩强风化层不深的大坝,在上游坝脚沿坝轴线方向开挖黏土截水槽,直至弱风化基岩,通常与上游坝坡的黏土斜墙防渗处理措施相结合使用;三是设置铺盖,在上游坝脚前铺设弱透水材料(黏土或土工膜)形成铺盖,以达到坝基防渗的目的,铺盖长度为6~10倍水头;四是增设滤层压(铺)盖,当大坝下游出现管涌或流土时,通常采用滤层压(铺)盖的办法,即先清除下游软泥或杂物,对管涌出口用块石抛填,在出现管涌范围内分层铺填透水良好的滤料,根据滤料的不同有砂石滤层铺盖、土工织物滤层铺盖及梢料滤层铺盖等;五是建造混凝土防渗墙,针对在强透水坝基中建造混凝土防渗墙,彻底截断坝基渗漏通道。

(2)坝体防渗处理措施:一是黏土斜墙防渗,在大坝上游面填筑黏土斜墙进行防渗,下端与坝基截水槽相连接。二是土工膜防渗,库区黏土料缺乏的土坝中,在上游面铺设土工膜进行防渗,下端与坝前黏土铺盖相连接;黏土斜墙及土工膜防渗常用于坝前淤积厚度不大,渗漏形式主要是坝体存在渗漏及新老坝体接触带处的间层渗漏等情况。三是充填灌浆,通过进行坝体灌浆充填土料间的孔隙,以降低坝体浸润线,增加坝体稳定性,通常与坝基帷幕灌浆联合防渗。四是混凝土防渗墙,采用置换防渗体的方法,防渗效果耐久性好,可靠性高,可在水库不放空的条件下进行施工,适应各种复杂地质条件,相对其他隐蔽工程便于施工监控,但投资较高,不常使用。五是下游坡滤层导渗,在坝脚设置反滤层及块(堆)石,降低坝体浸润线,保障大坝排水畅通,常采用贴坡排水棱体或堆石排水棱体两种形式。其他还采用在下游坡开挖导渗沟(盲沟),回填滤料或透水软管等进行导渗排水,消除坝面渗漏。

(3)绕坝防渗处理措施:一是帷幕灌浆,当岸坡风化层较厚、裂隙发育,而原施工未开挖结合槽或结合槽深度不足时,可采用帷幕灌浆处理,灌浆帷幕应与坝体及坝基防渗工程可靠连接;二是接触灌浆,当岸坡岩体较为完整,坝体与岸坡之间仅存在接触渗漏时,可只对接触面进行灌浆处理;三是铺盖,沿上游山坡铺设弱透水材料(黏土或土工膜)形成铺盖,封闭绕坝渗漏的进口,适用于斜墙坝与均质坝的非陡崖状山坡;四是下游贴坡反滤保护,在绕坝渗流出口处设置贴坡反滤保护措施,防止渗流冲蚀破坏。

典型问题 24　存在明显变形、不稳定或有滑坡迹象

1. 问题现象

(1)某水库大坝坝坡未护砌,迎水面退水后坝坡明显滑塌,如图6-6所示。

(2)某水库左坝肩下游坝坡局部受雨水冲刷,形成从坝顶至坝脚的冲沟,有不稳定趋势,如图6-7所示。

(3)某水库坝体坡面裸露,部分冲刷、沉降,如图6-8所示。

(4)某水库近坝右岸边坡存在浅层蠕滑现象,影响水库的安全运行,如图6-9所示。

(5)某水库坝顶局部存在凹陷,如图6-10所示。

(6)某水库所在地普降暴雨,造成该水库主坝下游坝坡脚长约60 m、宽约15 m、深约1.5 m的滑坡,如图6-11所示。

图 6-6

图 6-7

图 6-8

2. 原因分析

水库蓄水和泄洪引起的水位快速上升与下降，可能诱发库岸斜坡发生大规模库岸再造、坍塌、蠕滑和滑动，国内外关于水库诱发滑坡的过程和机理研究成果颇丰，简要概述如下：

（1）库岸再造诱发滑坡。库区水位升高后，库岸影响带在浸泡、浪蚀作用下，斜坡岩土体会发生库岸再造和坍塌，因而使牵引库岸上的土层向库内蠕滑，特别是叠加暴雨时，将会发生大规模变形和滑坡。

图 6-9

图 6-10

图 6-11

(2)软化和悬浮减重诱发型。水库蓄水后水岩相互作用造成岩土体的强度软化和浮托减重效应,可能改变滑坡体的稳定状态,包括斜坡岩土体软化、泥化,抗剪强度降低,导致老滑坡复活或新滑坡产生。特别是在含有软弱夹层的顺层岸坡,易于发生大规模水库滑坡灾害。

(3)动水压力诱发型。由于库水位的突然降低,库岸内地下水位高于库水位,地下水由滑坡体渗透排出,较大的水头差和水力梯度形成较大的动水压力,加大了沿地下水渗流方向的滑动力;同时,滑体中部分细粒物质被水流潜蚀,增大了滑体孔隙性,降低了岩土体的有效抗剪强度,从而引起老滑坡的复活和新滑坡的产生。

(4)降雨对库岸滑坡的影响与降雨强度、降雨持时以及库岸坡体的渗透性等因素有关,其作用主要体现在以下两个方面:一是增重效应。对于库岸滑坡而言,其下滑的主要动力还是库岸坡体的自重作用。发生降雨时,雨水只有一小部分转化为地表径流流走,大部分都渗入库岸坡体内,雨水的入渗增加了坡体的容重。二是降低岩土体的力学强度。降雨能够使库岸坡体的力学强度降低,这主要是由于雨水渗入坡体内,岩土体被软化,孔隙水压力增高,有效应力降低。

此外,水库蓄水与地震叠加作用会明显放大对滑坡的诱发作用。

3. 造成后果

(1)减少有效库容。大量岩土滑入库内,会占据原本用于储水的空间,从而减少水库的有效库容,影响水库的储水和调节能力。

(2)增加大坝失事风险。滑坡体若直接冲击大坝,可能产生巨大涌浪,对大坝造成严重的冲击和破坏,甚至导致大坝失事。大坝一旦溃决,将对下游地区造成毁灭性的洪水灾害。

(3)导致渗漏与裂缝。坝身变形或滑坡可能导致坝体局部开裂,形成渗漏通道。这会影响大坝的正常运行,甚至威胁大坝的整体安全。特别是在蓄水期,地基软弱带的刚度和强度可能因蓄水而降低,进一步加剧坝身的变形和渗漏问题。

4. 规范要求

《土石坝养护修理规程》(SL 210—2015)规定:滑坡处理应根据滑坡类型、滑坡状况、滑坡成因、已采取的抢护措施、滑坡修理方法适用性等因素综合考虑,按“上部削坡减载,下部压重固脚”的原则,采用开挖回填、加培缓坡、压重固脚、混凝土防渗墙、导渗排水等多种方法进行综合处理。

5. 整改措施

(1)因坝身单薄、坝坡过陡引起的滑坡,可采用加培缓坡的方法进行修理。因滑坡体底部脱离坝脚而出现的深层滑坡,可采用压重固脚的方法进行修理。因排水失效、坝坡土体饱和而引起的滑坡,可采用导渗排水的方法进行修理。

(2)因坝身填筑碾压不实,浸润线过高而造成的背水坡滑坡,在有条件放空水库的情况下,应以上游防渗为主,辅以下游压坡、导渗和放缓坝坡。上游防渗可增加黏土斜墙。当水库不能放空时,可采用抛土或放淤方法防渗,也可采用混凝土防渗墙。

(3)坝体有软弱夹层或抗剪强度较低,且背水坡较陡而造成的滑坡,如清除夹层有困难,应以放缓坝坡为主,辅以坡脚排水压重的方法进行处理。

(4)因坝体土料含水量较大、孔隙水压力过大而引起的滑坡,可采用放缓坝坡、压重固脚和加强排水的方法。对迎水坡滑坡,应降低库水位,在滑坡体坡脚抛筑透水压重体,在透水压重体上填土培厚坝脚;如不具备降低库水位条件,应采用水上抛石或沙袋、土工膜袋的方式进行压坡固脚。

(5)引排水设施堵塞而引起的背水坡滑坡,可采用分段清理排水设施、恢复排水能力的方法。当无法完全恢复排水能力时,可采用排水体上部设置贴坡排水,然后在滑坡体下部修筑压重体。

典型问题 25　土石坝存在裂缝、隆起等现象

1. 问题现象

（1）某水库在上游坝脚向坝顶方向约 50 cm 处有一纵向贯穿错台，敲击面板存在大面积空鼓现象，如图 6-12 所示。

图 6-12

（2）某水库坝顶有纵向裂缝，出现明显错台，如图 6-13 所示。

图 6-13

（3）某水库大坝迎水面水泥护坡上部有贯穿性裂缝，如图 6-14 所示。

（4）某水库下游坝坡存在开裂塌陷。大坝下游阶梯右侧 10 m，一级马道以下 3 m，出现两处坝坡开裂塌陷，如图 6-15 所示，其中近阶梯一处塌陷面积约 15 m^2，另一处塌陷面

图 6-14

积约 45 m^2,裂缝开展最大宽度约 5 cm。

图 6-15

(5)某水库坝顶有多条纵向裂缝,其中距右坝端 20~50 m 范围内的坝顶有一条长约 30 m 的纵向弯曲向下游的裂缝,裂缝宽 10 mm 左右,坝顶混凝土路面垂直错动明显,约 5 mm,如图 6-16 所示。

2. 原因分析

产生裂缝的原因,主要是坝基承载能力不均一,坝体施工质量差,坝身结构及断面尺寸设计不当或其他因素等。有的裂缝是由单一因素形成的,有的裂缝则是多种因素造成的。土坝裂缝大致可分为干缩裂缝(龟裂缝)、横向裂缝、纵向裂缝、水平裂缝和滑坡裂缝等 5 种。

图 6-16

1）干缩裂缝（龟裂缝）的成因

由于坝体受大气影响或植物蒸发，土料中水分大量减少，在土体干缩过程中产生干缩裂缝。细颗粒黏性土中由于水分蒸发，含水量逐渐降低，土由湿变干的过程中，先是自由水蒸发掉，继而是土粒周围的水膜减薄，使土粒在吸力作用下互相接近，引起土体收缩，当收缩引起的拉力超过一定限度时，土体就出现了干缩裂缝。

2）横向裂缝的成因

与坝轴线垂直或斜交的裂缝称横向裂缝，产生的原因是沿坝轴线方向坝体或坝基产生不均匀沉陷。沿坝轴线方向的坝基地质情况不同，物理力学性质差异很大时，筑坝后压缩变形不一致，相邻断面易产生不均匀沉陷；当采用分段填筑时，各坝段进度不平衡或分期施工及合龙段采取台阶式连接，沉陷不均匀；碾压不实，特别是坝下埋管部位，管壁填土夯实不够等都可形成横向裂缝。

3）纵向裂缝的成因

平行于坝轴线的裂缝称纵向裂缝，产生的原因是垂直坝轴线方向的坝体或坝基产生不均匀沉陷。坝体碾压不实，未达到设计干容重，特别是斜墙坝或心墙坝的透水体部分碾压不实；在横断面方向分期施工，分别从上下游取土填筑，土料性质不同或上下游进度不平衡，在结合面两侧易产生不均匀沉陷等都可产生纵向裂缝。

4）水平裂缝的成因

水平裂缝是发生在坝体内部接近水平方向的裂缝。产生水平裂缝的原因，一般认为是坝壳对心墙的拱效应。如薄心墙的边坡陡、断面窄，心墙的后期可压缩性比两侧坝壳大，心墙下部沉陷，而上部挤在上下游坝壳之间，其重量在剪力和拱的作用下，被传递到坝壳，而不能下沉，从而将心墙拉开，形成水平裂缝。

5）滑坡裂缝的成因

由于坝坡过陡，填筑质量差，坝基土质软弱或水位骤降、地震等因素使坝坡稳定性遭到破坏而引起滑坡裂缝。

3. 造成后果

裂缝是一种较为常见的病害,有的裂缝对坝体危害不大,有些裂缝却存在潜在的危险,如细小的横向裂缝有可能发展成为坝体的集中渗漏通道,而有的纵向裂缝却可能是坝体滑坡的前兆。因此,管理单位要对土坝的裂缝足够重视。各类型裂缝特征及危害如下:

(1)干缩裂缝的特征是密集交错,没有特定方向;缝间距比较均匀,无上下错动,多与坝体表面垂直;缝上宽下窄,缝宽一般小于1 cm,深一般不超过1 m。干缩裂缝一般不会影响坝体安全,但如不及时处理,雨水渗入,土体含水量增大,会降低裂缝区域的土体抗剪强度,促使其他病害的发展。

(2)横向裂缝的特征是接近铅直或稍有倾斜地伸入坝体内;缝深几米到几十米,缝上宽下窄,缝口宽几毫米到十几厘米。横向裂缝具有很大的危害性,特别是贯穿斜墙或心墙的裂缝,会形成集中透水通道,危及大坝安全。

(3)纵向裂缝的特征是走向与坝轴线平行或接近平行,多出现在坝顶及坝坡上部;基本上是铅直地向坝体内部延伸。纵向裂缝危害性一般较小,但要及时处理,以免雨水渗入缝中使其恶化,而防渗墙的纵缝,容易发展成为渗漏通道,应特别注意。

(4)水平裂缝的特征是在坝体内部一定深度,坝面不能发现,多呈中间裂缝较宽、四周裂缝较窄的透镜状。由于水平裂缝不易被发现,且有的裂缝可能贯通上下游,为此它可能变成集中渗漏通道,危害性很大。

(5)滑坡裂缝的特征是裂缝中段接近平行于坝轴线,缝两端逐渐向坝脚延伸,呈弧形;缝较长,形成过程短促;缝口有明显错动,可见擦痕及稀泥;下部土体移动,有离开坝体倾向,开始发展较慢,当滑体失稳后突然加快。滑坡裂缝对土坝危害性极大,发现后应立即处理。

4. 规范要求

《土石坝养护修理规程》(SL 210—2015)规定如下:

(1)水泥混凝土面板裂缝和损坏,应根据下列情况进行修理:面板局部裂缝或破损可采用水泥砂浆、环氧砂浆、H52系列特种涂料等防渗堵漏材料进行表面涂抹。

(2)坝体裂缝修理可采用翻松夯实法、灌土封口法、开挖回填法、充填式黏土灌浆法或开挖回填与充填式黏土灌浆相结合的方法。

5. 整改措施

发现裂缝后,应通过坝面观测,挖探槽、探井,查明裂缝的部位形状、宽度、长度、深度、错距、走向以及发展情况。根据观测资料,结合土坝设计、施工情况,分析裂缝成因,针对不同性质的裂缝,采用不同的处理方法。一般处理裂缝的方法可概括为开挖回填、灌浆和两者相结合。

1)开挖回填

用这种方法处理裂缝比较彻底。该方法一般适用于缝深不超过5 m的裂缝。对于贯穿性的裂缝,应首先考虑开挖回填的办法。开挖时,应采用梯形断面,使回填部分与原坝体结合好;当裂缝较深时,为了便于开挖和施工安全,可挖成阶梯形坑槽。在回填时,再逐级削去台阶,保持斜坡,与填土相连。对于贯穿性的横缝,还应开挖成十字形结合槽。在开挖前,向裂缝内灌入白灰水,以便掌握开挖边界。边坡应满足稳定和新老填土结合的要求。开挖出来的土料不应堆在坑边,以免影响边坡稳定。不同土料应分别堆放。开挖后,应保护好坑口,避免日晒、雨淋或冻融。回填前,应检查坑槽周围土体的含水量。如含水量偏小,则应将表面洒水湿润。如表面过湿或冻结,应清除后再行回填。回填应分层夯实,严格控制质量,并用洒水、刨毛等措施保证新老填土很好地结合。

2)灌浆

对坝内裂缝和非滑动性很深的表面裂缝,由于开挖回填处理工程量大,可采用黏土浆灌浆。一般采用重力灌浆或压力灌浆方法。重力灌浆仅靠浆液自重灌入裂缝;压力灌浆除浆液自重外,再加机械压力,使浆液在较大压力作用下灌入裂缝。灌浆的浆液,可以采用纯黏土浆,也可用水泥黏土浆。纯黏土浆与坝体填土的性能较适应,但掺水泥可以加快浆液凝固和减少浆液体积收缩。浆液的稠度一般为1:1~1:2.5(水:固体),在保证良好的灌入程度下,应尽可能采用稠浆,以减少体积收缩。在灌浆时,要遵守由稀到稠的原则,以保证质量。在采用压力灌浆时,要适当控制压力,以防止坝体发生较大变形,但压力较小,又不能达到灌浆的效果。在采用重力灌浆时,灌入表面较深的裂缝,可以用抬高泥浆桶的方法取得灌浆压力。灌浆前,将裂缝表面开挖回填2 m厚以上的阻浆盖,以防止浆液外溢。灌浆的效果,根据一些土坝灌浆后实例检查表明:①浆液对裂缝具有很高的充填能力;②浆液与缝壁能紧密结合;③无论浆液本身还是浆液与缝壁的结合面或裂缝两侧土体中,并未发现新的裂缝。

3)开挖回填与灌浆相结合

在对非滑动性很深的表面裂缝进行处理时,可采用表层开挖回填,深层灌浆。

典型问题26 土石坝反滤排水缺失、破损、塌陷、淤堵

1. 问题现象

(1)某水库坝前干砌石护坡存在松散、滑落现象,如图6-17所示。

图6-17

(2)某水库工程实体存在土石坝坝后反滤体塌陷、渗漏,坝体排水沟淤堵等现象,如

图 6-18 所示。

图 6-18

(3)某水库坝脚存在开垦现象,反滤排水体被人为严重破坏,形成较大缺口,如图 6-19 所示。

图 6-19

(4)某水库承包经营垂钓旅游,大坝干砌石护坡及反滤垫层被严重破坏,影响大坝防渗安全,如图 6-20、图 6-21 所示。

2. 造成后果

土石坝主要由坝址附近的土石料填筑压实而成,而土石料为散粒体结构,压实后其颗粒间仍存在着大量的孔隙,具有一定的透水性。若反滤排水缺失、破损、塌陷、淤堵,水在

图 6-20

图 6-21

渗透压力的作用下，会向土石坝的坝体及坝基中渗流，在渗流过程中，会逐渐带走少量的细土颗粒，日积月累，被带走的细颗粒越来越多，渗流的通道逐渐形成，较大的土颗粒也很快会被带走，最终会形成管涌通道。影响较小时，会导致水库的蓄水量不能满足正常的工业用水、农业用水、生活用水需要，甚至导致上下游坝坡塌陷等，严重时会直接导致土石坝的溃坝，给下游带来巨大的威胁。

稳定破坏大概分为两种：①在渗透压力作用下，坝体和坝基土中的细颗粒沿着骨架颗粒所形成的孔隙管道移动或被渗流带出未防护的逸出点，形成隐蔽的渗流通道，产生管涌破坏。②由于渗透力作用，坝体和坝基土中的颗粒群同时浮动或被渗流带出未防护的逸出段而流失，产生流土破坏，引起坝坡跌窝、塌坑，或因浸润线位置过高出现坝坡失稳破坏。而接触冲刷、接触流失渗透破坏均与上述两类基本渗透变形问题有关，是在不同边界条件下的具体表现。

3. 规范要求

1)《土石坝施工组织设计规范》(SL 648—2013)

具体规定详见8.1 土料防渗体、8.2 混凝土面板防渗体、8.3 沥青混凝土防渗体、8.4 土工膜防渗体的相关要求。

2)《土石坝养护修理规程》(SL 210—2015)

导渗排水修理可采用贴坡排水、棱体排水、褥垫排水、坝体内竖向排水层和水平排水层、排水沟、减压井、透水盖重等。

3)《碾压式土石坝设计规范》(SL 274—2020)

(1)土石坝排水体应能降低浸润线和孔隙压力,改变渗流方向,防止渗流出逸处产生渗透变形,保护坝坡土不产生冻胀破坏。

(2)坝体排水应满足下列要求:①能自由地向坝外排出渗入坝体的全部渗透水。②按反滤要求设计。③便于监测和检修。

(3)坝体排水可在下列形式中选择:①坝体内排水,包括下列形式:竖式排水,可选择直立式排水、上倾式排水或下倾式排水等形式;水平排水,可选择坝体不同高程的水平排水层,坝底部的褥垫式排水、网状排水带、排水管等形式。②棱体排水。③贴坡排水。④综合型排水,可选择上述两种或多种组合。

4. 整改措施

对由于原有排水体失效(多因反滤层设计、施工不当而淤塞失效)或根本未设排水体而造成坝体浸润线出逸点过高、渗流从坝坡逸出、坝坡面沼泽化的土坝,采取增做反滤排水棱体或者翻修原排水体(改用土工织物反滤),必要时在外坡面做砂石导渗沟(槽)的处理方法来降低浸润线,以达到稳定坝坡的目的。常见的坝体排水及反滤类型有以下几种:

(1)棱体排水(又称滤水坝趾)。是在下游坝脚处用块石堆砌而成的棱体状排水设施。它能有效降低坝体下游浸润线,排水效果较好。但因石料用量较大,造价较高,且棱体多伸入坝体内,维修较困难。

(2)贴坡排水(又称表面排水)。是在下游坝坡底部表面用块石、卵石等分层铺设而成的一种排水设施。贴坡顶部宜高出浸润线出逸点1.5 m以上,排水的厚度应大于当地的冰冻深度。贴坡排水不能降低坝体浸润线,但因贴坡排水构造简单,石料用量不大,造价较省,且贴坡位于坝坡表面,施工方便,维修简单。当坝体设有防渗墙,坝内浸润线位置不高时,常采用贴坡排水。

(3)褥垫排水。是沿下游坝基面伸入坝体内部由块石组成并外包反滤层的一种平铺式排水设施。当下游无水时,它能有效地降低浸润线,有助于坝基排水,但对坝基不均匀沉降的适应性差,易断裂,且维修困难。

(4)反滤层。为防止坝体和坝基土在渗流出口处发生管涌、流土等渗透变形,下游渗流出逸处须设置反滤层。反滤层一般由1~3层不同粒径的透水性材料(如砂石料)铺筑而成,其粒径沿渗流方向由细到粗,层次大体与渗流方向正交。

(5)坝体上游排水。为保护上游坝面免受波浪淘刷、顺坡水流冲刷和冰冻等危害,上游坝面常设置护坡。常见的上游护坡形式有干砌石护坡或浆砌石护坡、现浇或预制的混凝土护坡或钢筋混凝土护坡等。

典型问题 27　存在蚁害及动物洞穴等孔洞，影响运行安全

1. 问题现象

（1）某水库背水坡发生坍塌，出现直径约 3 m、深约 2 m 的坑洞，经探查造成坍塌险情的主要原因是白蚁侵蚀，淘空坝体，如图 6-22 所示。

图 6-22

（2）某水库下游坝坡存在蚁穴，如图 6-23 所示。

图 6-23

(3)某水库下游坝坡存在鼠洞,如图6-24所示。

图6-24

2. 原因分析

(1)前期遗留。在建设大坝时,原有区域的白蚁如果没有彻底清理,会继续繁殖,不断扩增,此类情况比较常见。此外,大坝的改建没有彻底清除原有的白蚁隐患,白蚁隐患会继续存在。

(2)环境的吸引。水库大坝背水坡多需要植被来护坡,在迎水坡有漂浮物,大坝坝体如果存在杂物没有及时清理,这些区域由于存在充足的食料,堤坝内土壤湿度适宜白蚁生活,是白蚁特别好的栖息地与繁殖地,容易吸引白蚁聚集。

(3)迁徙分飞的作用。白蚁存在分飞的特性,大坝附近区域的白蚁易分飞到大坝建蚁巢。白蚁分飞季节会从巢中飞落到大坝,配对脱翅后入土建新群。白蚁在有翅成虫期还有趋光性,在傍晚会飞出。大坝附近会有灯光,光源会对有翅成虫产生吸引力,经脱翅、打洞、营巢,威胁大坝安全。

3. 造成后果

白蚁在世界各地均有分布,我国发现的白蚁种类达到了500多种,具备极强破坏力的白蚁种类为30多种,而在山坝区域内经常出现并且容易区别的白蚁类型有黑翅土白蚁、家白蚁、黑胸散白蚁等。山坝周围多山地,大多数是红土层结构,气候温和,湿度较大,是适合白蚁生存及繁衍的区域。

白蚁巢周围蚁道纵横,栖居在心墙部位的蚁巢,必然有几条蚁道横穿大坝,如果蚁道高于溢洪道0.5 m以上,洪水来临时不会马上漏水;若主蚁道深度低于溢洪道高度,不论蚁道大小则都是大坝安全的隐患。

黑翅土白蚁危害堤坝造成险象环生的根源就是蚁道贯穿堤坝的内外坡,当水位升高时,从迎水坡蚁道口进水,通过主巢,然后从背水坡流出,形成管涌。若抢险不当或不及时,就会酿成崩堤垮坝灾难。在水库水位低于或处于正常水位时,堤坝不会发生管漏。在堤坝水位高于正常水位时,贯穿堤坝内、外坡的蚁道处于高水位而主巢腔底等于或低于高水位时,堤坝会突然发生管漏险情。

黄翅大白蚁对土质堤坝虽构成破坏，但造成管涌险情乃至崩堤垮坝灾难的可能性比黑翅土白蚁要小得多。黄翅大白蚁成年主巢入土往往在 1 m 左右，一般仅损害堤坝表层结构的稳定性和造成水土流失。但如果水库进行加高扩容，而不消除蚁巢菌圃，大坝也会造成重大安全隐患。

土栖白蚁筑巢于土质堤坝内，一窝白蚁的巢居结构可淘空堤坝内数立方米的泥土，使外观完好的堤坝内部千疮百孔。特别是有些主蚁道，贯穿堤坝的内外坡，当水位升涨时，酿成堤坝发生管涌漏水，破坏堤坝的稳定性，甚至酿成塌窝、滑坡，乃至崩堤垮坝灾难。

4. 规范要求

2023 年，水利部印发《水利工程白蚁防治技术指南（试行）》。1.0.3 条规定：水利工程白蚁防治应遵循“以防为主、防治结合，综合治理、持续管控，科技赋能、绿色安全”的原则。3.1.1 条规定：白蚁危害地区的水利工程应定期开展蚁情检查。3.1.2 条规定：水利工程管理（建设）单位宜结合蚁情检查和白蚁防治情况，完善蚁情监测相关设施。有条件的工程，可遵循“实用、可靠、先进、经济”的原则，建设白蚁智能监测系统。

2023 年，水利部印发的《水利工程白蚁防治工作指导意见》要求，到 2025 年，建立较为完备的水利工程白蚁综合防治工作体系，防治工作责任得到有效落实，防治工作制度和技术标准及定额进一步完善，白蚁防治基础研究和技术创新体制机制初步形成，白蚁危害预防、发现、治理能力和水平明显提升，白蚁危害险情发生率显著降低。到 2030 年，水利工程白蚁防治常态化机制全面建立，白蚁危害预防、发现、治理全过程实现绿色、智能、高效管理，白蚁危害得到全面控制。

5. 整改措施

按照水库类型、规模、重要程度、蚁情严重等级等因素，按照先重后轻、典型带动、同步治理的原则进行治理，并形成常态化。对于蚁情比较严重的水库，进行为期 3 年的综合治理。具体措施为：第一年治理方法包括蚁情普查、无损探测、人工挖巢、打孔灌药、诱杀的综合治理；第二年治理方法是在第一年治理效果的基础上进行蚁情普查、局部人工挖巢、诱杀；第三年是结合前两年治理效果进行人工普查、局部诱杀。对于蚁情危害中等的水库，进行为期 2 年的综合治理。具体措施为：第一年治理方法包括蚁情普查、人工挖巢、打孔灌药、诱杀的综合治理；第二年治理是在第一年治理效果的基础上进行蚁情普查、局部人工挖巢、诱杀。对于没有发现白蚁巢，但有白蚁活动的水库，进行为期 1 年的综合治理。治理方法包括蚁情普查、局部人工挖巢、打孔灌药、诱杀。

按照治理措施类型，治理方法可分为物理方法、化学方法、生物防治、综合防治。

1）物理方法

（1）屏障法。主要是借助砂粒、砾石、网板等人为设置机械屏障，以防止附近区域白蚁蔓延到大坝内；其主要原理是借助屏障将坝体和白蚁隔开，以免大坝受到侵害，但是难以驱走。研究数据表明，白蚁对于外圆大于 1 mm 的砂粒难以搬动，如果砂粒外圆大于 3 mm，白蚁会从砂粒间的缝隙通过，因此屏障可以采用外圆在 1~3 mm 的砂粒，这样可以有效阻止白蚁的蔓延。在我国南方多省的实际应用表明，以砂子为屏障可以有效防治白蚁。

（2）灯光诱杀法。此方法主要是借助有翅成虫存在的趋光性，在白蚁分飞季可以借助光源对繁殖蚁加以诱杀，白蚁难以建新巢，对控制白蚁种群的增加特别有效。

2)化学方法

(1)应用毒杀法。主要方法有毒土阻隔、灌浆毒杀、熏烟毒杀,实践证明这三种方法的效果较好,但缺陷是工作量大,会对环境产生污染。①毒土阻隔法应用于大坝施工前,在大坝区域的土壤内填加浸润杀毒剂,形成阻隔带。②灌浆毒杀法是将用毒杀剂浸润过的泥浆浇灌到蚁道内,以实现杀灭填穴的作用。③熏烟毒杀法的原理类似于灌浆毒杀法,区别是泥浆变为毒烟,此方法的毒杀效果更好。

(2)应用毒饵诱杀。此方法的应用是根据白蚁的生活习性,采用特制的饵料将白蚁从巢中引出,让白蚁食下具有慢性毒性的饵料,白蚁在交哺、舔舐中会将毒剂传播,其他个体也会中毒,最终实现群体灭亡。此技术的优势体现在毒剂使用量少、诱杀针对性强、效果显著、对环境影响小,是当前白蚁防治的常用方法。

3)生物防治

借助动物防治,白蚁也存在天敌,因此可以利用天敌实现动物防治,比如蜘蛛、青蛙、蟾蜍、穿山甲、食蚁兽等动物具有可行性;此外,最新研究表明斯氏线虫属与异小杆属对于黑翅土白蚁具有很好的防治效果。借助植物防治,当前应用植物源农药是植物性防治技术研发的热点,此技术具有应用方便、环保的特点。白蚁防治药物可以从楝科、唇形科、伞形科、菊科等多种植物中加以提取,对于白蚁起到毒杀、驱赶、拒食等作用;另外细辛粉对于沿海区域大坝聚集的黄胸散白蚁具有毒杀与趋避作用;黄花蒿经过提取后可以对黑翅土白蚁起到拒食作用。借助微生物防治,许多微生物,如真菌、放线菌、病毒等对白蚁防治具有毒杀优势。比如绿僵菌素、白僵菌可以有效控制黑翅土白蚁;阿维菌素可以对黑翅土白蚁实现防治作用。

4)综合防治

(1)建立诱杀坑。为了控制白蚁,可以在水库的坝体设置诱杀坑诱杀白蚁,在坑内放置用引诱剂渗透过的诱料或毒饵来实现诱杀,坑口可以用水泥板覆盖,完成诱杀坑设置后,每隔10 d检查一次,检查白蚁的取食情况,并补充诱料、毒饵等诱杀剂。

(2)在有鲜活迹象区域放置毒饵。在坝体查找白蚁的鲜活迹象点,然后在鲜活迹象点投放毒饵诱杀剂,以完成对白蚁的持续诱杀。

(3)进行灌浆。坝体表面的白蚁完成诱杀后,还要对蚁巢、蚁道进行灌浆填充。

(4)在白蚁发生区域设置监控坑。为防止大坝治理后周边白蚁发生蔓延对大坝产生再次危害,还要在大坝上建立白蚁监控坑,以实现持续监测,确保水库大坝安全。

6.巩固措施

(1)大坝白蚁要采取分类分步治理的方式。结合大坝蚁害的现象和水库除险加固的实现,为了保证防治效果,以及对工程进度不造成影响,可以采用不同的方式对水库加以治理:对于正在除险加固的水库,如果蚁害较为严重,要避免蚁害的再次发生,要注重清除埋藏在堤坝内的蚁巢;对于没有除险加固并且蚁害经常发生的水库,要定期监测蚁害。

(2)要注重白蚁防治的技术普及。可以采取专家授课、实地调查研究等多种形式,对水库管理人员与技术人员进行白蚁防治方面的专业培训,以保证全员能够掌握白蚁发生危害的状况,学会怎样检查发现白蚁的方法,提高水库大坝蚁害的管理效果。

(3)要定期对水库大坝的蚁害加以排查。特别是在3—11月,白蚁危害严重的季节,大坝管理人员要提高白蚁危害的检测密度，及时将存在的问题加以记录和上报主管部门，以保证治理的有效性。

(4)要针对蚁害建立长效管理机制。水库大坝要有监控诱杀坑，以实现监测、诱杀白蚁的作用，水库要建立档案管理系统，及时记录大坝的监控情况，对白蚁的隐患监测要保证常态化，变被动消灭为主动控制，防止白蚁持续繁殖、扩散，确保水库大坝安全。

典型问题 28 排水沟塌陷或存在淤堵

1. 问题现象

(1)某水库坝脚及左侧排水沟存在淤堵，如图 6-25 所示。

图 6-25

(2)某水库大坝下游坝坡两岸横向排水沟、坝后一级马道截渗沟淤堵严重，影响排水，如图 6-26 所示；坝后一级马道下游侧排水沟作为灌溉渠道，影响正常排水。

图 6-26

(3)某水库坝体排水沟淤堵严重,影响排水,上下游坝坡都存在明显大面积雨水冲刷痕迹,如图6-27所示。

图6-27

(4)某水库背水坡排水沟被人为垒砖墙截断,如图6-28所示。

图6-28

(5)某水库排水沟严重堵塞,如图6-29所示。

(6)某水库背坡排水沟局部沉降导致积水漫沟,冲刷背坡严重,现场检查时仅用土工布临时处理,未及时消除隐患,如图6-30所示。

图 6-29

图 6-30

2. 造成后果

(1)山坡洪水汇集坝顶,造成水冲沟。山丘区小型水库两侧坝端多连接至两岸山坡,两岸山坡高程较高,部分坝段还作为交通道路连接两岸山坡,路长坡陡,遇到强降雨,两岸山坡雨水通过两岸道路短时间汇流到大坝坝顶上,冲刷坝坡;由于大坝坝顶路面平整,山坡洪水汇集到大坝坝顶后水流放缓,洪水中挟带的泥沙沉积在大坝坝顶,致洪水水面抬升漫过坝顶路缘石,如无排水沟或排水沟失去作用,洪水将冲刷背水坡,造成背水坡坡面水冲沟。

(2)雨水入渗冲刷,造成坝体失稳。产生土石坝滑坡的基本因素,实质上是滑动力的增加与抗滑力的不足。如无排水沟或排水沟失去作用,雨水将长期入渗坝体,土壤含水量饱和,致使坝体或坝基内孔隙水压力改变,改变了坝体抗滑力与滑动力的平衡,滑动力增加,抗滑力下降,严重时导致坝体失稳滑坡。

3. 规范要求

1)《碾压式土石坝设计规范》(SL 274—2020)

(1)坝面排水应包括坝顶、坝坡、坝肩及坝下游岸坡等部位的集水、截水和排水措施。除干砌石或堆石、抛石护坡外,均应设坝面排水。

(2)坝坡与岸坡连接处应设排水沟,其计算集水面积应包括岸坡集水面积在内。

(3)岸坡开挖面顶部应设置排水沟或挡水设施。岸坡开挖顶面以外的地面径流不应排入坝面。

(4)岸坡排水宜与坝体坝基排水形成相对独立的排水体系。

(5)坝面排水系统的布置、排水沟的断面尺寸和底坡应由计算确定。有马道时,排水沟设置高程宜与马道一致,并设于马道内侧。竖向排水沟可每间隔50~100 m设置一条。

(6)排水沟可用混凝土现场浇筑或浆砌石砌筑。采用混凝土预制件拼装时,应使接缝牢固、成一整体。

2)《土石坝养护修理规程》(SL 210—2015)

排水沟(管)的修理应符合下列规定:

(1)沟(管)发生破坏或堵塞时,应将破坏或堵塞的部分挖除,按原设计要求修复。

(2)沟(管)的基础(或坝体)被冲刷破坏时,应用与坝体相同的土料先修复坝体,后修复沟(管)。

4. 整改措施

在坝顶道路和背水坡两侧设置排水沟,将可能汇入大坝坝顶的洪水向两侧排水沟分流,减少坝顶来水量。在背水坡选择合适的位置设置截水沟,将坝体表面雨水通过截水沟向两侧排水沟内分流,尽可能地减少坝顶来水量。通过防汛路硬化、设置排水沟、设置截水沟挡水坎等工程措施,实现对山洪的有效拦截、层层分流,减小大坝坝顶的来水量,防止泥沙沉积坝顶,降低背水坡出现冲沟、滑坡的可能性。

排水沟分为明沟和暗沟两种形式。排水暗沟为倒梯形断面,开挖成型后,铺设两层反滤料,反滤料上部为干砌块石,顶部吊装C25钢筋混凝土预制盖板,上游侧及盖板上铺设土工布。施工程序:测量放线→土方开挖→排水→反滤料夯填→棱体砌筑→盖板吊装→土工膜铺设→回填。开挖流程:清表→开挖→修坡→清底。土工布采用人工滚铺方式施工,要求布面平整,并适当留有变形余量。自然搭接时最小宽度为20 cm。在铺设土工布的同时,必须采取一切必要措施,以防止对下面一层材料造成破坏。正常情况下,坡面上不能有水平连接,但需修补的地方除外。在铺设土工布时,必须注意不要让石头、大量尘土或水分等有可能破坏土工布,有可能阻塞排水渠或过滤网,或有可能给接下来的连接带来困难的物质进入土工布或土工布的下面。安装结束后,对所有土工布表面进行检测,对损坏的地方逐一做出标记并进行修补,否则不能进入下道工序。

6.2 泄洪建筑物

典型问题 29 行洪设施不符合相关规定和要求

1. 问题现象

（1）某水库原为开敞式溢洪道，督查时发现已改为涵洞式泄洪，过流断面减少了约70%，严重影响水库行洪，如图 6-31 所示。

图 6-31

（2）某水库溢洪道顶部自行加高约 50 cm，超汛限水位运行，如图 6-32 所示。

图 6-32

（3）某水库在未经设计、未经审批的情况下，水库所在村屯在坝体下游建设塘坝，形成水塘，设立水闸取水和泄洪，水塘与水库坝脚和泄水洞直接相连，未保持一定的安全距离，如图 6-33 所示，塘坝施工质量差，难以满足汛期度汛安全，一旦垮坝会威胁水库大坝下游坝坡稳定，影响水库大坝安全、工程管理和抢险工作。

图 6-33

(4)某水库溢洪道进口人为设置拦鱼栅及沙包挡水堰抬高水位超汛限水位蓄水，如图 6-34 所示；擅自在水库内修建道路，将水库一分为二，致使半个水库无泄洪设施，如图 6-35 所示。

图 6-34

图 6-35

(5)某水库溢洪道兼作居民出行和车辆通行道路,存在重大安全隐患,如图 6-36 所示。

图 6-36

2. 原因分析

1)工程设计方面

(1)设计标准过时。随着对洪水规律研究的深入和经济社会的发展,以往的设计标准可能无法适应新的洪水情况。例如,早期按照较低频率的洪水(如 20 年一遇洪水)设计的行洪设施,在面对现在可能更频繁出现的强降雨导致的高流量洪水(如 100 年一遇洪水流量增大)时,就会显得能力不足。

气候变化导致极端降雨事件增多,原有的行洪设施设计流量计算方法没有考虑到这种气候变化因素。比如在一些沿海地区,海平面上升使潮水顶托作用增强,影响河流的行洪能力,但设计时未充分考虑这一情况。

(2)设计失误。设计人员在计算行洪断面尺寸、坡度等参数时出现错误。例如,错误估算了河道的糙率,导致计算出的行洪能力比实际需要的小。糙率是反映河道阻力对水流影响的一个重要参数,如果糙率取值偏大,就会低估河道的过流能力,使得设计的行洪设施过水断面偏小。

(3)缺乏系统规划。行洪设施往往需要和其他水利设施(如水库、泵站等)协同工作。如果缺乏系统规划,就会出现问题。流域上下游之间的行洪设施没有统筹考虑。上游修建了拦水坝等设施,减少了下泄流量,但下游的行洪设施却没有相应调整,当上游需要泄洪时,下游无法承受相应的洪水流量。

2)施工方面

(1)施工质量差。施工单位为了节省成本,在建筑材料的选用上以次充好。例如,在溢洪道的衬砌施工中,使用抗压强度不符合要求的混凝土材料,在洪水的冲刷下,衬砌容易损坏,导致渠道崩塌,影响行洪。施工工艺不符合规范。例如,在溢洪道整治工程中,护坡的砌筑没有按照正确的工艺进行,石块之间的缝隙过大,砂浆填充不饱满,使得护坡在洪水冲击下容易松动,进而影响水库的行洪安全。为了赶工期,施工单位可能会忽视一些关键施工环节。例如,在修建溢洪道时,没有给地基处理足够的时间,导致地基压实度不够。当承受洪水压力时,就会因为地基沉降而出现裂缝,甚至溃堤。

(2)施工过程中的变更不合理。在施工过程中,由于各种原因(如遇到障碍物、资金问题等)可能会对设计进行变更。如果这些变更没有经过严格的论证和审批,就可能影响行洪设施的功能。例如,为了避开地下管线,减少了行洪管道的管径,这显然会降低管道的行洪能力。

3)后期维护与管理方面

(1)维护资金不足。行洪设施需要定期维护,如对溢洪道进行清淤,对防洪闸的机械部件进行维修和更换等。如果维护资金短缺,这些工作就无法正常开展。例如,行洪通道长期不清淤,淤泥堆积会减小河道的过水断面,降低行洪能力。

(2)管理制度不完善。没有明确的行洪设施管理责任主体。在一些跨区域的行洪设施管理中,可能会出现相互推诿责任的情况。例如,对于省际边界的水库工程,相邻两个地区可能都没有很好地承担起维护管理责任。缺乏有效的监测和预警机制。没有及时掌握行洪设施的运行状况,如不能及时发现行洪设施的非正常工况,当洪水来临时,这些小问题可能会迅速扩大,导致溃堤等严重后果。

(3)人为破坏和侵占。一些单位或个人为了自身利益,非法占用行洪通道。例如,在溢洪道内建设违章建筑,或者在河滩地种植阻碍行洪的高秆作物,都会减小行洪空间。对行洪设施的故意破坏也时有发生。如有人故意破坏防洪闸的控制设备,导致在洪水来临时无法正常开启或关闭防洪闸,影响行洪调度。

3. 造成后果

如果行洪设施不符合相关规定和要求,会产生以下危害:

(1)洪水漫溢风险增大。当水库行洪设施(如溢洪道)过流能力不足时,在洪水期不能有效排泄洪水。水库水位会持续上升,一旦超过坝顶高程,就会导致洪水漫溢。这可能会冲垮大坝,使水库蓄水量瞬间释放,形成巨大的洪峰向下游倾泻。例如,水库溢洪道被杂物堵塞,宽度也不符合设计标准。在暴雨来临时,入库水量急剧增加,而溢洪道无法及时排泄,水库水位很快就会超过坝顶,进而冲毁大坝。下游的村庄、农田和基础设施将被洪水淹没,造成人员伤亡和巨大的财产损失。洪水漫溢不仅会破坏水库本身,还会对下游的生态系统造成毁灭性打击。河流生态环境会被彻底改变,水中生物的栖息地被摧毁,导致鱼类等水生生物大量死亡。同时,漫溢的洪水会淹没周边的植被,造成水土流失加剧,影响土壤肥力,使土地的生态功能在很长一段时间内难以恢复。

(2)大坝结构受损。不符合规定的行洪设施可能会使水库在泄洪过程中出现水流紊乱的情况。同时,不规则的水流还可能对大坝的坝体内部产生冲刷作用,破坏坝体内部的防渗结构。不合理的行洪设施会导致水库内水位变化不符合设计预期。当水位频繁地快速升降时,大坝会承受不均匀的水压力。在短时间内水库水位急剧下降,大坝迎水面一侧的压力骤减,而坝体内部的水还来不及排出,就会产生向外的渗透压力。这种压力可能会使大坝护坡出现裂缝、剥落等情况,削弱大坝的整体结构强度。

(3)对下游防洪安全的威胁。行洪设施不符合要求会导致水库不能按照预定的调度规则下泄洪水。如果泄洪流量过大,超过下游河道的行洪能力,就会使下游河道的水位急剧上升。原本设计能承受一定流量的桥梁、堤防等防洪工程可能会因为超标准的洪峰而被冲毁，对下游居民的生命财产安全构成严重威胁。当行洪设施不符合规定时，水库的防洪调度就会失去准确性。无法准确控制下泄流量和时间，使得下游的防洪预警和应对措施难以有效实施。下游地区可能无法及时得到准确的洪水信息，不能提前做好人员疏散和防洪准备工作，增加了防洪的被动性和灾害损失程度。

4. 规范要求

1)《中华人民共和国水法》

第三十七条 禁止在江河、湖泊、水库、运河、渠道内弃置、堆放阻碍行洪的物体和种植阻碍行洪的林木及高秆作物。

第六十六条 有下列行为之一，且防洪法未作规定的，由县级以上人民政府水行政主管部门或者流域管理机构依据职权，责令停止违法行为，限期清除障碍或者采取其他补救措施，处一万元以上五万元以下的罚款：

（一）在江河、湖泊、水库、运河、渠道内弃置、堆放阻碍行洪的物体和种植阻碍行洪的林木及高秆作物的；

（二）围湖造地或者未经批准围垦河道的。

2)《溢洪道设计规范》（SL 253—2018）

（1）溢洪道可由进水渠、控制段、泄槽、消能防冲设施及出水渠等建筑物组成。

（2）设有正常、非常溢洪道时，正常溢洪道泄洪能力不应小于设计洪水标准下溢洪道应承担的泄量。非常溢洪道启用标准应根据工程等级、枢纽布置、坝型、洪水特性及标准、库容特性及对下游的影响等因素确定。非常溢洪道泄洪时，水库最大总下泄流量不应超过坝址同频率天然洪峰流量。

5. 整改措施

（1）加强管理责任落实，重视突出问题整改。完善小型水库管理体制机制，明确水库主管部门（业主）和水库管理单位之间的管理职责，建立沟通联系机制，及时解决水库运行管理中存在的问题；针对行洪设施不符合相关规定和要求等工程实体的突出问题，建议水库管理单位组织专业的水利工程师和技术人员对行洪设施进行全面检查，评估行洪设施的现状，确定不符合规定和要求的具体部位及问题，重视问题整改，制定实施方案，建立问题清单，实行对账销号，确保问题整改到位。

（2）积极落实管护资金，保障水库维护及时到位。加强行洪通道的清淤和疏浚，及时做好修复和加固措施。管好用好管护资金，同时要因地制宜，积极争取地方财政加大对小型水库管理经费的支持力度，将管理经费纳入财政预算，推进管护经费全面落实，保障水库维护及时到位，确保水库效益发挥。

（3）完善管理制度，加快提升水库管理水平。加强对行洪设施的监督管理，建立健全监督机制。加大执法力度，对破坏行洪设施的行为进行严厉打击。加强宣传教育，提高公众的防洪意识和法律意识。结合小型水库的特点，建立适用于小型水库的调度运用、巡视检查、闸门操作、维修养护、防汛抢险、隐患报告、应急管理、档案管理等科学实用、简单易懂、便于操作的制度，并严格执行，推进小型水库标准化管理。

典型问题30 泄洪建筑物不能正常运行

1. 问题现象

(1)某水库溢洪道内设有拦鱼网,存在度汛安全风险,如图6-37所示。

图6-37

(2)某水库溢洪道被修建道路封堵,不能正常泄洪,如图6-38所示。

图6-38

(3)某水库溢洪道前私自修建围堰,库区无法正常泄洪,如图6-39所示。水库汛限水位430 m,检查时水库水位473 m,汛期超汛限水位约43 cm运行。

(4)某水库溢洪道进口建设四层楼房,如图6-40所示。

2. 原因分析

1)机械故障

泄洪闸门启闭机长时间运行导致电机过热,绝缘层被破坏,从而无法正常提供动力来开启或关闭闸门。由于闸门变形,闸门槽、丝杆扭曲,启闭装置发生故障或机座损坏、地脚螺栓失效以及卷扬机钢丝绳断裂等因素,或者闸门底坎及门槽内有石块等杂物卡阻,牛腿断裂、闸身倾斜,使闸门难以开启和关闭,造成闸门失控。

2)结构损坏

泄洪建筑物的基础在长期受到水流冲刷或者自身地质条件变化(如软土地基的压缩)而出现沉降差异,导致结构倾斜,进而导致闸门的轨道变形,影响闸门的正常运行。

图 6-39

图 6-40

混凝土裂缝是常见的结构问题。在长期受到水流的侵蚀、冻融循环以及内部应力变化的影响下，泄洪建筑物的混凝土结构产生裂缝。裂缝会削弱结构的整体性，当裂缝发展到一定程度时，导致结构局部破坏，影响其正常功能。

3）堵塞问题

（1）杂物堆积。洪水带来的大量漂浮物，如树枝、垃圾等，堆积在泄洪口或者泄洪道内。当堆积物达到一定程度时，会减小泄洪通道的过水面积，从而影响泄洪效率。

（2）泥沙淤积。长期的水流作用导致泥沙在泄洪建筑物内淤积。特别是在一些河流含沙量较大的区域，水库的泄洪洞或者溢洪道底部容易淤积泥沙。过多的泥沙淤积会抬高底部高程，降低泄洪能力。

（3）人为设障。水库管理者在泄洪通道内违规架设子堰或采取其他措施抬高行洪通道的局部高程，人为搭设捕鱼设施或堆放杂草、种植苗木以及其他违规施工活动等，也会在一定程度上堵塞或者收窄行洪断面，导致泄洪建筑物不能正常运行。

4）控制系统故障

（1）电气故障。控制系统的电气元件损坏，如传感器、继电器等。传感器负责监测水位、流量等数据，若传感器故障，会导致错误的信号传输，使控制系统无法准确控制泄洪建筑物的运行。

（2）自控软件问题。对于采用自动化控制系统的泄洪建筑物，软件故障可能会导致操作失误。程序中的漏洞或者数据处理错误，会使控制系统发出错误的指令，让闸门的开度不符合实际泄洪要求。

3.造成后果

（1）洪水漫溢。如果泄洪建筑物不能正常泄洪，水库或者河道内的水位会持续上升。当水位超过堤坝或者河岸的设计高度时，就会发生洪水漫溢，淹没周边的土地、村庄和城市等区域，造成房屋倒塌、人员伤亡和财产损失。

（2）威胁大坝主体结构安全。水库水位过高会对大坝等主体水利工程结构产生巨大的压力。大坝会因为承受不住过高的水头压力而出现裂缝扩展、滑坡甚至溃坝等严重后果。这不仅会对下游地区造成毁灭性的洪水灾害，还会使整个水利工程报废，损失巨大。

（3）生态破坏。非正常的泄洪情况会对下游的生态环境产生严重影响。当生态流量无法满足时，下游河道的生态用水得不到保障，导致河流水质恶化，水生生物的生存环境遭到破坏。非常态的大流量泄洪会冲毁下游的庄稼、苗木，导致下游人畜伤亡，改变水体结构等，带来严重的生态灾难。

4.规范要求

1）《中华人民共和国水法》

第三十七条 禁止在江河、湖泊、水库、运河、渠道内弃置、堆放阻碍行洪的物体和种植阻碍行洪的林木及高秆作物。

第六十六条 有下列行为之一，且防洪法未作规定的，由县级以上人民政府水行政主管部门或者流域管理机构依据职权，责令停止违法行为，限期清除障碍或者采取其他补救措施，处一万元以上五万元以下的罚款：

（一）在江河、湖泊、水库、运河、渠道内弃置、堆放阻碍行洪的物体和种植阻碍行洪的林木及高秆作物的；

（二）围湖造地或者未经批准围垦河道的。

2）《水库工程管理设计规范》（SL 106—2017）

（1）应制定各主要建筑物和附属设施的运用和维修养护技术要点。

（2）应制定水库工程安全运用技术要点，提出安全措施。

（3）应制定水库工程监测技术要求，主要包括工程各监测项目的监测技术要求（含施工期）；对水库诱发地震、滑坡及其他特殊观测项目，应提出各专项的监测技术要求；对改建、扩建、加固工程，应提出对原有监测设施的保护措施或更新改造方案，保持监测数据的连续性；对多泥沙河流的水库，应提出库区泥沙观测技术要求。

5. 整改措施

1) 机械故障整改

一旦发现闸门不能启闭,立即启动应急预案。组织专业技术人员对闸门、启闭机进行紧急排查,找出故障原因。同时,通知调度中心,启动备用电源。排查过程中,如发现故障无法短时间内排除,立即向上级领导汇报,启动应急响应机制。同时,通知下游相关部门,做好防洪措施。紧急抢修后,应及时总结,针对薄弱环节调整维修养护计划,减小故障发生概率。

2) 结构损坏整改

第一时间采取必要的应急抢险措施。可采用沙袋堆砌的方式加固堤岸。将沙袋紧密排列在损坏部位的堤岸外侧,起到临时挡水的作用,防止洪水进一步破坏和漫溢。同时,可以在堤顶铺设防水土工布,防止雨水下渗加重堤岸内部结构的损坏。对于较小的结构损坏,可以采用水泥砂浆进行勾缝处理。对于贯穿性裂缝,则需要先对裂缝进行清理,去除其中的杂物,凿除松散表面,灌注环氧树脂等高性能的黏结材料进行修补。同时,对于一些老化的混凝土结构,可以进行碳纤维布加固,增强其承载能力和抗裂性能。对于损毁严重的护坡、石块、边墙等,应在除险加固中及时修复。对于薄弱基础,可采用混凝土灌注桩或者钢板桩进行加固。在下游河床部分,可以通过抛石护底的方式,防止河床继续下切。

3) 堵塞问题整改

(1) 及时做好清淤工作。水库泄洪通道如果沉淀了大量的泥沙,不仅会减小泄洪能力,还可能会对泄洪结构造成破坏。因此,清淤工作一直是水库维护工作中必不可少的一项。进行清淤时,可以采用倒吸式清淤机、清淤船等设备,将淤积物清除干净。清淤工作一般每年需要进行一次,也可以根据实际情况进行定期或不定期的清淤。

(2) 维护排水管道。排水涵洞是水库泄洪的重要通道,如果排水涵洞出现堵塞或损坏就会影响泄洪通道的通畅。对于排水管道的维护保养,主要包括以下几个方面:①定期检查排水涵洞的密封情况,如果出现漏水现象,须及时进行修补。②定期疏通涵管,以防止管道内的淤积物对泄洪通道的影响。③对涵闸进行定期检查、保养,以确保泄洪时正常打开和关闭。

(3) 安装拦污栅。在水库泄洪前,有可能会出现大量的污水和漂浮物质,这些物质对于泄洪通道的泄洪能力会造成一定的影响。为了避免这种情况的发生,可以在泄洪通道入口处安装拦污栅。拦污栅可以有效地过滤掉泄洪通道中的大块漂浮物,确保水库泄洪时通畅高效。做好安全管理。严格执行管理范围内的巡查检查工作,及时发现并制止人为设障等现象。加强法律法规宣传和警示告知工作,采取隔离措施等减小人为活动对库区行洪的影响。

4) 控制系统故障整改

(1) 采用冗余设计。对于关键的硬件设备,如控制器、传感器和执行器等,采用冗余配置。编写具有容错能力的软件程序,采用备份和恢复机制。合理选择设备,选择质量可靠、经过市场验证的设备。确保所选用的设备符合相关行业标准和规范,如电气设备的防爆标准、防水标准等,使其能够适应水库复杂的环境条件。

（2）聘请专业的安装团队进行设备安装，严格按照设备安装说明书和相关工程标准进行操作。在安装过程中，要进行分步质量检测。对硬件设备进行定期巡检和维护。定期更新软件系统，修复已知的软件漏洞和安全隐患。同时，对软件的运行日志进行分析，及时发现异常运行模式。建立故障检测机制，采用实时监测技术，如设置报警阈值，当监测到的数据超出正常范围或者设备出现异常信号时，及时发出警报。组建专业的维修团队，储备充足的备品备件，当出现故障时，保证维修人员能够及时赶赴现场，使用备品备件进行更换和维修，缩短系统停机时间。加强对水库控制系统的操作人员进行专业培训，使其熟悉系统的操作流程、掌握常见故障的处理方法。

典型问题31 存在明显变形、不稳定或有滑坡迹象

1. 问题现象

（1）某水库溢洪道左岸山坡较陡，存在滑坡和不稳定迹象（目前水库已鉴定为三类坝，低水位运行），如图6-41所示。

图6-41

（2）某水库溢洪道右岸山体严重滑坡，如图6-42所示。

图6-42

(3)某水库溢洪道下游段两岸浆砌石侧墙及边坡失稳,侧墙基础和溢洪道底板水毁严重,侧墙已垮塌段长约 18 m,侧墙基础已被淘空段长约 27 m,溢洪道底板被冲刷水毁及淘空段共长约 78 m,如图 6-43 所示。

图 6-43

(4)某水库(已报废)泄洪道泄槽段及出口冲毁严重,如图 6-44 所示。

图 6-44

(5)某水库泄洪道翼墙有不均匀沉降、裂缝,如图 6-45 所示。

2. 原因分析

(1)变形可能是由地基不稳定引起的。如果陡坡段底板所处的地基存在软弱土层、沉积物等问题,底板可能会变形。

(2)水压影响是陡坡段底板变形的重要原因之一。溢洪道在发生大流量时,水压会增加,如果底板设计或施工不合理,无法承受水压,就会导致底板变形。

(3)外力作用也可能导致底板变形。例如,地震、洪水等自然灾害会对溢洪道造成较大的外力作用,可能导致底板变形。此外,溢洪道的基础如果位于不良地质条件上,如软

图 6-45

弱夹层、破碎带等,这些地质结构本身的抗剪强度较低。例如,当溢洪道修建在页岩或黏土含量较高的地层上时,在受到水流冲刷等外力作用下,容易发生滑动。

3. 造成后果

泄洪建筑物是水库的安全出水通道,泄洪建筑物的变形、失稳和滑坡可能导致泄洪建筑物结构的破坏,进而影响泄洪建筑物的正常运行,甚至威胁水库和下游地区的安全。

4. 规范要求

《溢洪道设计规范》(SL 253—2018)的相关要求如下:

(1)为规范溢洪道设计,做到安全可靠、经济合理、技术先进、环境协调、管理运行方便,制定 SL 253—2018。

(2)溢洪道应根据地形和地质条件布置在岸边或垭口,宜避免开挖形成高边坡,且宜避开冲沟、崩塌体及滑坡体。

(3)根据泄槽底板的稳定要求,可采取防渗、排水、止水、锚固等必要的工程措施。泄槽底板在消力池最高水位以下部位,应按消力池底板设计。

(4)设有消力齿、消力墩或尾槛的底板,尚应进行抗倾及抗滑稳定计算。采取抽排降压措施的底板,应复核地基的渗透稳定。

5. 整改措施

在设计和施工过程中,需要对地基进行详细的调查和分析,选择合适的地基处理措施,如加固土层、采取排水措施等,以保证地基的稳定性。同时,需要考虑水压的影响,合理确定底板的厚度和钢筋配置,以确保底板能够承受水压。此外,还需要考虑不同外力作用的影响,并采取相应的措施,如增加钢筋配置、加强混凝土质量等,以提高底板的抗震和抗洪能力。

地基应根据建筑物结构和运用特点,各部位对承载能力、抗滑稳定、地基变形、渗流控制、抗冲及耐久性等要求确定。地基为软弱岩石或存在规模较大、性能差的断层破碎带、软弱夹层、岩溶等缺陷时,应进行专门处理设计。对高陡边坡、地质条件复杂的高边坡以及受泄洪雾化影响严重的边坡应进行专门研究,采取相应的处理措施;对易风化掉块、易软化或抗冲能力低的稳定边坡也应进行相应的防护。

地基和边坡处理的防渗与排水设施应因地制宜,合理布设,且便于检修。地基的防渗、排水设计应根据工程地质和水文地质条件,建筑物的重要性和作用、结构安全稳定性、防渗与排水的相互关系确定。靠近坝肩的防渗、排水布置与设计,应与大坝的防渗、排水系统统筹考虑。防渗和排水设施的布设应符合下列要求:①减少堰基的渗漏和绕渗;②防止在软弱夹层、断层破碎带、裂隙密集带及抗渗变形性能差的地基中产生渗透破坏;③降低建筑物基底的扬压力;④具有可靠的连续性和足够的耐久性;⑤防渗帷幕不得设置在建筑物底面的拉应力区;⑥在严寒地区,排水设施应考虑冰冻的影响,防止冰冻破坏。

地基范围内的断层破碎带和软弱夹层处理措施,应根据其所在部位、埋藏深度、产状、宽度、组成物性质以及试验资料,对上部结构和地基的影响,结合施工条件和类似工程经验确定。

边坡的开挖坡度,应根据岩土体质量、结构特征、地下水情况、边坡高度和施工方法等条件,通过工程类比及稳定分析,综合确定。

典型问题 32　存在裂缝、塌坑、凹陷、隆起等

1. 问题现象

(1)某水库溢洪道底部共计 13 块混凝土面板被冲毁,如图 6-46 所示。

图 6-46

(2)某水库与坝体接触处的溢洪道挡墙部位有贯穿性裂缝,且有水流溢出,侵蚀坝体,如图 6-47 所示。

(3)某水库溢洪道泄槽底板及左侧墙被强降雨冲毁约 15 m(泄洪道底板及左侧墙浆砌石塌陷破损),如图 6-48 所示。

(4)某水库溢洪道泄槽段浆砌石护底局部冲毁,如图 6-49 所示。

(5)某水库溢洪道上游左侧翼墙存在贯穿性裂缝,如图 6-50 所示。

(6)某水库溢洪道尾水渠束堤出现贯穿性雨水冲坑,如图 6-51 所示。

2. 原因分析

泄洪建筑物在运行时处于阴暗潮湿、干湿交替、常浸水下、高速水流冲刷、泥沙及其他漂浮物的冲磨等恶劣环境下工作,未运行时处于日光暴晒、温差较大的环境下,在这两种

图 6-47

图 6-48

图 6-49

情况下极易引起裂缝、塌坑、凹陷、隆起等。

1)建造因素

泄洪建筑物具有体积大、施工环境复杂、质量控制难度高等特点,受采用标准及设计方案、原材料性能、水工结构体形、分缝分块、碾压速率、结构配筋以及施工温湿度控制等

图 6-50

图 6-51

因素的综合制约，裂缝、塌坑、凹陷、隆起等不可避免地产生。

(1)设计因素。在设计时未充分考虑结构构件在各种环境下的收缩性和强度，致使构件在恶劣环境下产生不同程度的裂缝；设计时对构件不同部位钢筋的大小、数量计算有误，致使各构件因抗拉强度和抗压强度的不同而产生裂缝、塌坑、凹陷、隆起等现象。

(2)施工因素。泄槽混凝土从浇筑成型到养护，再到可使用，要经过很长的工序，只要其中一道工序有问题，就会使构件产生变形破坏。例如，混凝土浇筑完成后没有及时进行覆盖工序的处理，从而导致混凝土表面水分蒸发过快；浇筑的过程中没有在一定的时间之内进行充分的振捣，使得混凝土骨料布料完成后产生离析现象；没有严格按照规范进行施工，养护时间不足、强度不够等。

(3)材料因素。原材料的品质直接影响最终成品的质量好坏，混凝土材料也是如此。只有选用质量达标、性能充足、品质上佳的原材料，才能混合制作出高质量的混凝土，如果其中任何一种材料不符合要求，都会造成混凝土质量不达标，从而浇筑出来的混凝土构件将会产生变形破坏；构件里面的钢筋质量不合格都会造成裂缝等的产生。

2)环境因素

(1)温度因素。温差容易造成构件的薄弱环节产生变形破坏，温差越大，产生的变形量就越多,且更容易使裂缝等增大。

(2)地质因素。地质的频繁活动会造成结构缝的扩大、地基的位移和沉降,也会导致泄洪建筑物的变形破坏。

3)水体因素

(1)泥沙因素。水中泥沙含量如果多的话,容易在泄洪时对泄槽混凝土表面造成严重的冲刷,致使混凝土容易产生裂缝,泥沙含量越多,在泄洪时越容易引起建筑物的变形破坏。

(2)漂浮物因素。每年汛期就会有大量漂浮物随洪水抵达坝前及溢洪道闸门前,溢洪道运行泄洪时,漂浮物随洪水泄流,会对泄槽混凝土进行冲击碰撞,极易破坏混凝土表面,引起裂缝、塌坑、凹陷、隆起等。

3. 造成后果

泄洪建筑物裂缝、塌坑、凹陷、隆起等对于主体结构来说就如天敌一般,是破坏工程实体的重要影响因素,裂缝、塌坑、凹陷、隆起不仅会降低混凝土结构的稳定性,还会加剧混凝土内部钢筋结构的锈蚀,裂缝、塌坑、凹陷、隆起比较严重的还会破坏泄洪建筑物的整体性和稳定性,造成渗漏和改变结构原有应力状态,使混凝土发生溶蚀破坏,加速混凝土碳化及锈蚀,降低泄洪建筑物的结构强度和使用寿命,对安全运行产生了严重的威胁。

4. 规范要求

1)《混凝土坝养护修理规程》(SL 230—2015)

(1)日常巡视检查应以表面缺陷、裂缝、剥蚀、渗漏和影响枢纽正常运行的外界干扰等检查为主;年度检查除日常巡视检查的内容外,还应根据枢纽实际情况适当增加混凝土磨损与空蚀检查、混凝土碳化检查、水下检查、淤积检查等内容;特别检查应以专项检查为主,兼顾日常巡视检查的内容。

(2)养护工作应做到及时消除混凝土坝枢纽的表面缺陷和局部工程问题,随时防护可能发生的损坏,保持混凝土坝枢纽的安全、完整、正常运行。

2)《土石坝养护修理规程》(SL 210—2015)

土石坝日常巡视检查应以裂缝、异常变形、渗漏、沉陷、滑坡、淤堵以及影响枢纽正常运行的外界干扰等检查为主;年度检查除日常巡视检查的内容外,还应根据枢纽实际情况适当增加白蚁危害检查、坝下埋涵(管)检查、水下检查、淤积检查等内容;特别检查应以专项检查为主,兼顾日常巡视检查的内容。

5. 整改措施

(1)裂缝修补。水工建筑物混凝土裂缝修补可采用喷涂法、粘贴法、灌浆法、充填法、结构补强法、附加钢筋法、外部施加预应力法、碳纤维加固法等。

(2)局部补强加固。可采用灌浆法、锚固法、预应力法、粘贴玻璃钢法、粘贴碳纤维法、粘贴钢板(筋)法、增大断面法、喷射混凝土法、置换混凝土法、外包钢法等。

(3)塌坑、凹陷、隆起等修复。混凝土出塌坑、凹陷、隆起等现象时应及时进行检查,并根据检查结果进行评估,需要时进行修补。修理前应进行塌坑、凹陷、隆起调查,调查应制定调查方案,明确调查手段和调查方法。修理应遵循下列原则:应以“凿旧补新”方式为主,即清除损伤的老混凝土,浇筑回填能满足特定耐久性要求的修补材料。清除损伤的老混凝土时，应保证不损害周围完好的混凝土，凿除厚度应均匀，不应出现薄弱断面。应选用工艺成熟、技术先进、经济合理的修补材料，并按有关规范和产品指南严格控制施工质量。修理完成后应加强养护工作，宜避免或延缓塌坑、凹陷、隆起等现象的再次发生。

典型问题 33　岸坡及边墙失稳

1. 问题现象

（1）某水库溢洪道右侧墙上方有大量渣土，导致侧墙倾斜开裂，有倒塌的危险，泄槽出口杂草丛生，存在度汛风险，如图 6-52 所示。

图 6-52

（2）某水库未按除险加固设计批复的内容实施，影响溢洪道安全的左岸长 80 m 高边坡未进行削坡处理，如图 6-53 所示。

图 6-53

(3)某水库泄洪闸进口左岸坡滑塌严重,如图6-54所示。

图6-54

(4)某水库溢洪道出口段翼墙局部破损,如图6-55所示。

图6-55

(5)某水库溢洪道出口左侧翼墙损坏,泄洪时冲刷坝体,如图6-56所示。

图6-56

(6)某水库岸坡及边墙失稳,泄洪建筑物入口端"八"字墙存在裂缝,如图6-57所示。

图6-57

2. 原因分析

1)地质因素

(1)岩土体性质。岸坡和边墙岩土体如果是粉质土、砂土等抗剪强度较低的土质,在受到外力作用时容易发生变形。例如,砂土的内摩擦角较小,当受到侧向水压力或地震力等作用时,颗粒之间的摩擦力难以抵抗这些外力,从而导致岸坡或边墙失稳。岩石的类型也很关键,如页岩等软岩,其强度相对较低。页岩在长期浸水后可能会发生软化,岩石的抗压强度和抗剪强度都会降低,使得岸坡和边墙的稳定性下降。

(2)地质构造。断层的存在会使岸坡和边墙的岩土体完整性遭到破坏。断层带附近的岩石破碎,裂隙发育,地下水容易在这些破碎带中富集。当水位变化时,地下水对岸坡和边墙产生动水压力,增加了失稳的风险。

(3)褶皱构造也会影响稳定性。背斜顶部由于受到张力作用,岩石破碎,向斜槽部则容易积水。如果溢洪道位于这些地质构造区域,岸坡和边墙就容易因岩土体强度变化和水的作用而失稳。

(4)地下水作用。地下水的静水压力会对岸坡和边墙产生侧向推力。当水位上升时,岸坡和边墙后土体内的孔隙水压力增大,有效应力减小,使得岩土体的抗剪强度降低。如果孔隙水压力增加到一定程度,土体就可能发生液化现象,导致岸坡和边墙失稳。地下水的渗流还会产生动水压力。在渗流方向上,动水压力会推动岩土颗粒,当动水压力大于岩土体的抗渗能力时,就会带走部分细小颗粒,引发管涌现象,进而破坏岸坡和边墙的结构。

2)水力因素

(1)水流冲刷。溢洪道泄洪时,高速水流会对岸坡和边墙产生冲刷作用。当水流速度超过岩土体或混凝土的抗冲流速时,就会带走边墙表面的材料和岸坡的土体。对于土质岸坡,洪水下泄时强大的水流可能会直接将表层土冲刷掉,使岸坡坡脚被淘空,从而导致岸坡失稳。水流的脉动压力也会对岸坡和边墙产生影响。在高速水流中，由于水流的紊动，会产生脉动压力。这种脉动压力是一种动态荷载，会使边墙和岸坡材料产生疲劳破坏，长期作用下降低结构的稳定性。

（2）水位变化。频繁的水位涨落会使岸坡和边墙岩土体处于干湿交替的环境。水位的反复升降会导致岸坡土体的膨胀和收缩。这种反复的体积变化会使土体结构变得松散，抗剪强度降低。水位快速下降时，岸坡和边墙后土体内的孔隙水来不及排出，会产生较大的向外的渗流压力，这也可能导致岸坡和边墙失稳。

3）设计施工因素

（1）设计不合理。岸坡和边墙的坡度过陡是常见的设计问题。设计的岸坡坡度超出了岩土体的自然休止角，在自身重力作用下，岩土体就容易发生滑动。对于砂土岸坡，如果坡度过陡，砂土颗粒在重力的切向分力作用下就会产生下滑趋势。

（2）排水系统设计不完善。如果没有足够的排水孔或排水通道，地下水无法及时排出，就会增大静水压力和动水压力，影响岸坡和边墙的稳定性。

（3）施工质量差。在施工过程中，如果边墙混凝土浇筑不密实，存在蜂窝、麻面等缺陷，就会降低边墙的强度。当受到外力作用时，这些缺陷部位容易首先出现裂缝，进而扩展导致边墙失稳。岸坡的压实度不足也是一个问题。如果在施工时没有按照要求对填土岸坡进行充分压实，土体的密实度不够，抗剪强度就会降低，容易在后期出现变形和失稳。

3. 造成后果

（1）洪水漫溢。在泄洪建筑物岸坡或边墙失稳后，溢洪道的结构完整性遭到破坏，其过水能力可能会受到影响。边墙的坍塌可能会导致溢洪道的有效过水断面面积减小。在洪水期发生这种情况，就无法按照设计要求正常宣泄洪水，洪水可能会漫出溢洪道，进而淹没周边地区。这些地区可能包括下游的城镇、村庄、农田以及各种重要的基础设施，造成粮食减产甚至绝收。对于城镇和村庄而言，居民的生命财产安全会受到直接威胁，基础设施也会被损坏。

（2）冲刷破坏加剧。岸坡及边墙失稳后，原本稳定的边界条件被改变。在水流的作用下，失稳部分的土体或岩石会被冲刷带走，导致险情扩大。

（3）影响水利枢纽正常运行。泄洪建筑物是水利枢纽的重要组成部分，其主要作用是在水库水位超过正常蓄水位时，将多余的水量安全地排泄出去。岸坡和边墙失稳可能会导致水库泄洪能力下降或者无法正常泄洪。大坝长期处于高水位的压力之下，会增加大坝发生溃坝等灾难性事故的风险。

（4）泥沙淤积。岸坡失稳后，大量的泥沙和岩石碎块会进入溢洪道。在水流速度减小的地方，泥沙会淤积下来。在弯道处或者下游消能区，泥沙淤积会降低溢洪道的过水能力和消能效果。长期的泥沙淤积还可能改变溢洪道的水流形态，使水流分布不均匀，对溢洪道的边墙和底板产生不均匀的侧向压力和冲刷力，进一步加速建筑物的损坏。

4. 规范要求

《溢洪道设计规范》（SL 253—2018）的相关要求如下：

（1）溢洪道的开挖坡度，应根据岩土体质量、结构特征、地下水情况、边坡高度和施工方法等条件，通过工程类比及稳定分析，综合确定。

(2)对边坡进行稳定性分析应考虑边坡岩性、岩体控制结构面产状及特性与边坡形状的关系、施工方法等因素,还应考虑地下水、降雨、泄洪雨雾、开挖爆破、地震等影响。

(3)边坡加固措施,可根据稳定分析成果,分别采取削坡减载、压坡、锚喷、锚杆、锚筋桩、抗滑桩、抗剪塞、锚洞或预应力锚索等措施。

(4)开挖边坡宜分级设置马道,马道布置应根据边坡岩体结构、边坡高度、坡度等条件确定。边坡马道分级高度可选用10~30 m,马道宽度1.5~3.0 m,结合施工设施及交通道路可适当加宽。

(5)边坡表面进行防护处理时,可根据地质条件分别采取植被、砌石或挂网喷护等措施,并兼顾环境与生态的要求。

(6)边坡应设置排水设施。宜沿边坡走向结合马道位置布设纵横排水沟排除地表水,视需要可在边坡内布置排水隧洞并钻设排水孔排除地下水。

(7)应采用截(排)水沟或其他疏导分流措施,防止或减少边坡外地表水汇入。

5. 整改措施

1)排水

岸坡及边墙失稳的发生和发展与地表水的作用有密切的关系,周边汇集的地表水、降雨的渗透等,容易诱发失稳或使失稳活动激化,因此采取排水措施是必要的。汇水流量较大时,容易对坡面造成冲刷破坏,而且雨水入渗会造成坡体饱和、土体参数弱化,降低坡体的稳定性。因此,排水是有效的治理措施。

2)削坡

多数情况下,导致坡体变形或失稳的荷载是其自重,削坡减载措施可以有效地降低滑坡运动的下滑力,是提高坡体稳定性最具实效的工程措施之一。

3)压坡

因河流或沟谷水流的冲刷而诱发滑坡或失稳的实例十分普遍,治理措施多采取在失稳前缘抛石、堆砌石笼、浆砌块石、混凝土浇筑等护脚,使坡脚免受水流冲蚀。

4)锚固

20世纪90年代末开始,格构锚固在我国中、小型边坡处理中得到广泛应用。一般当边坡或边墙处于非稳定时期,有变形发生时,尤其是当进一步削坡条件受到限制时,采取这种处理措施较为合适。格构锚固技术结构主要由预应力或非预应力锚索(锚杆)与混凝土格架组成。

5)支挡

抗滑桩支挡依靠桩嵌入较坚硬稳定的地层中,桩与桩周岩土体相互嵌固并将滑坡推力传递到稳定地层,利用稳定地层的锚固作用和被动抗力来平衡滑坡推力,是一种大截面侧向受荷的抗滑支撑建筑物。

典型问题34 泄洪时冲刷坝体及下游坝脚等

1. 问题现象

(1)某水库承包人自行在大坝右侧坝端开自然土质沟渠作为溢洪通道,溢流时容易造成严重断面冲刷扩展,以至于危及坝体安全,如图6-58所示。

图 6-58

(2)某水库由于现有灌溉泄洪洞不能满足水库汛期的泄洪需求,泄洪时在坝体右侧临时挖开一条沟渠泄洪,泄洪时易冲刷坝体及下游坝脚,如图 6-59 所示。

图 6-59

(3)某水库溢洪道末端未连接河道而是直通坝脚,泄洪时洪水可直接冲刷下游坝脚,如图 6-60 所示。

图 6-60

(4)某水库溢洪道左侧挡墙为砖砌结构,右侧边坡山体风化严重,底板无护砌,尾部无消能防冲设施,水流直冲坝脚,如图 6-61 所示。

图 6-61

(5)某水库设计方案不合理。溢洪道布置不合理,行洪时会直冲坝脚和高速公路基础,如图 6-62 所示。

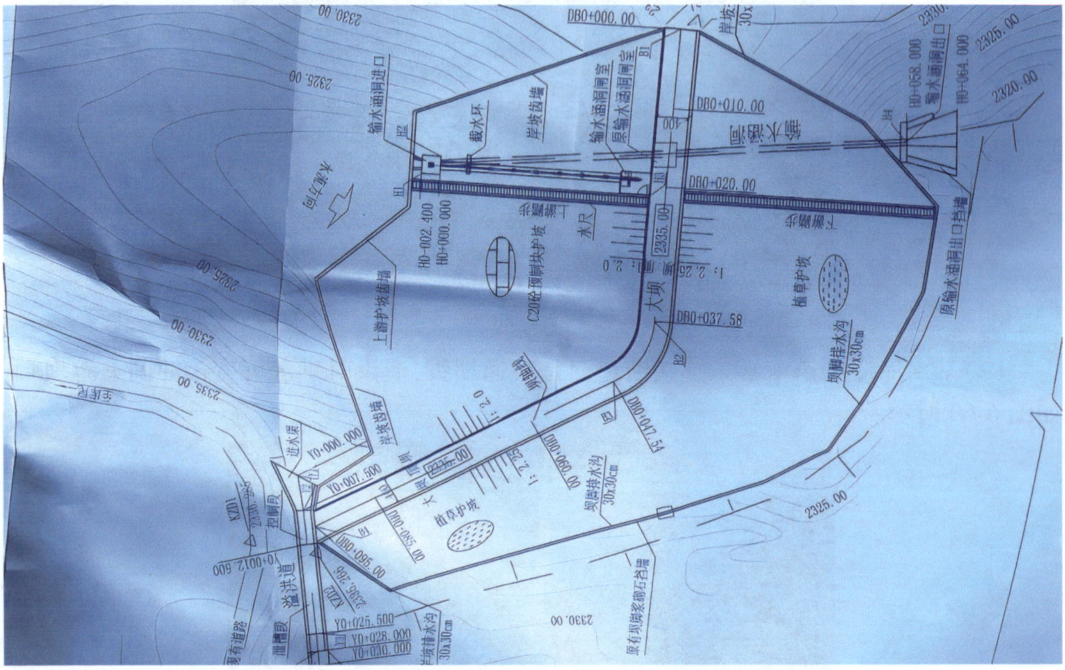

图 6-62

2. 原因分析

水流对建筑物的冲刷破坏类型有:进口引渠、导墙及岸坡的冲刷与坍塌;泄槽底板及边墙的冲刷、冲磨及揭底破坏;出口消能设施的冲刷、冲磨破坏;下游河床、岸坡及防护工程的冲刷破坏;在特殊情况下水流越过泄槽边墙甚至土坝漫顶对下游坝坡及建筑物外部基础的冲刷破坏。

(1)进口段布置不当。泄水建筑物的进口段是由水库向控制建筑物过渡的连接设施,其布置恰当与否将直接影响连接段本身以及泄水建筑物甚至大坝的安全。进口段一般都设引渠连接,在平面上呈喇叭口状,其基本要求是体形流畅,能顺应河岸山坡走向,由宽变窄,逐渐将水流引导进入泄水建筑物(如岸边溢洪道或泄洪洞),来流要求与堰闸垂直,两侧尽量缓变衔接以避免旁侧漩涡出现。局部边界收缩过急或岸边有山嘴阻挡,使进流不畅、流态紊乱,有的土质引渠未做衬砌,流速过大而遭到冲刷。进口段山体地质条件欠佳,山坡陡峻,岩石风化,甚至位于滑坡体上,遇到泄洪或暴雨冲刷时,引起滑坡及塌方,堵塞进口,使泄洪不畅,发生险情。有的引渠未按设计要求开挖至设计高程,使引渠内流速加大,流态紊乱,造成引渠冲刷破坏。

(2)下泄水流的流速过大。试验表明,砼表面的单位冲蚀率(单位时间内、单位面积上冲蚀破坏的重量)与流速的1.5~2.5次方成正比,流速增加1倍,单位冲蚀率将增加3倍以上;另外,含砂量的多少也直接影响到冲蚀的程度,对于清水冲刷,普通砼可以承受25 m/s的流速,而当水中含砂量达到3%时,C58混凝土的容许流速将下降到15 m/s以下。

再就是建筑物材料的抗冲能力不足。花岗岩等坚硬岩石,即使在10%~15%含砂水流条件下也能承受30~50 m/s的流速。目前,工程上常用的抗冲耐磨新材料如硅粉砼、铁钢砂砼、聚合物砼以及辉绿岩铸石等,可以大大提高材料的抗冲耐磨强度。

(3)板厚度、接缝方式以及基础处理的状况是造成水流揭底破坏的原因。厚度不足,将难以保证板块自身的重力稳定,缝中无止水,将使动水压力自缝中钻入板下,引起板块上扬。板底下部无排水设施(特别是土基),则将使底板因过大的扬压力而失稳。

(4)闸门不合理启闭。闸门隔孔全开,也容易引起开启孔与非开启孔中间的漩涡和横向流速,从而使鼻坎齿墙或基脚遭受破坏。再者,闸门不规则地集中开启,这可能使能量集中,导致主流偏斜,波浪汹涌,冲刷堤岸,也可能使另一岸形成回流,淘刷堤岸。

(5)施工活动、泄洪通道堆放杂物或种植苗木等人为活动也会缩窄行洪通道,导致流量偏大,流态失稳,进而对坝体或下游坝脚产生不良冲刷。运用管理方面,溢洪道控制段前有泥沙淤积、堆渣及进口设置拦鱼栅等妨碍泄洪设施,堰上控制闸门不能灵活启闭等。

(6)设计不合理,未设置防冲消能设施,溢洪道末端未连接河道、散流条件差等。消能设施尺寸过小或结构不合理,底部反滤层不合要求,或平面形状布置不合理产生折冲水流,下泄单宽流量分布不均匀,造成水流紊乱及流量过分集中,出现负压区产生气蚀等造成消能设施破坏。在施工放样时过水断面尺寸不够,施工质量不满足设计要求等。

3. 造成后果

1)结构破坏

当泄洪水流冲刷坝体时,会直接侵蚀坝体表面的材料。对于土坝而言,水流可能带走坝体表面的土颗粒,使坝体出现局部凹陷或沟壑。如果是混凝土坝,长期冲刷可能导致混凝土表面剥落、裂缝扩展。

2)滑坡风险增加

下游坝脚的稳定对于整个坝体的安全至关重要。泄洪水流对下游坝脚的冲刷会削弱坝体的支撑基础。一旦坝脚处的土石被大量冲走,坝体的抗滑力就会减小。坝体可能会因为失去平衡而出现滑坡现象,这将对大坝的安全造成极其严重的威胁。

3)内部侵蚀

坝体被冲刷后,其内部的防渗结构可能会遭到破坏。在正常情况下,坝体内部的渗流是受到控制的,但冲刷造成的裂缝和孔隙会为水流提供新的通道。当水通过这些通道进入坝体内部的疏松区域时,会带走其中的细小颗粒,形成管涌。管涌会逐渐扩大通道,使坝体内部的土石结构变得松散,进一步削弱坝体的防渗能力。

4)扬压力增大

在坝体底部,泄洪冲刷导致的渗流通道变化,会使扬压力发生改变。扬压力是一种向上的水压力,当它超过坝体的自重等稳定力时,会使坝体有上浮的趋势。下游坝脚的冲刷可能会使这种扬压力分布不均匀,增加坝体失稳的风险。

5)下游河道及生态环境破坏

从坝体泄洪的高速水流挟带大量泥沙,在下游河道沉积,会改变河道的形态,可能会使河道淤积抬高,减弱河道的过水能力。同时,冲刷下来的大石块等物质也可能在下游河道堆积,造成河道阻塞,影响正常的行洪和航运功能。

4. 规范要求

1)《中华人民共和国水法》

第三十七条 禁止在江河、湖泊、水库、运河、渠道内弃置、堆放阻碍行洪的物体和种植阻碍行洪的林木及高秆作物。

第六十六条 有下列行为之一,且防洪法未作规定的,由县级以上人民政府水行政主管部门或者流域管理机构依据职权,责令停止违法行为,限期清除障碍或者采取其他补救措施,处一万元以上五万元以下的罚款:

(一)在江河、湖泊、水库、运河、渠道内弃置、堆放阻碍行洪的物体和种植阻碍行洪的林木及高秆作物的;

(二)围湖造地或者未经批准围垦河道的。

2)《溢洪道设计规范》(SL 253—2018)

(1)溢洪道可由进水渠、控制段、泄槽、消能防冲设施及出水渠等建筑物组成。

(2)设有正常、非常溢洪道时,正常溢洪道泄洪能力不应小于设计洪水标准下溢洪道应承担的泄量。非常溢洪道启用标准应根据工程等级、枢纽布置、坝型、洪水特性及标准、库容特性及对下游的影响等因素确定。非常溢洪道泄洪时,水库最大总下泄流量不应超过坝址同频率天然洪峰流量。

(3)消能设施应符合下列规定:①对于消能防冲设计标准的洪水及以下各级洪水,尤其是常遇洪水及可能出现的不利情况,应结构可靠、消能效率高,并具有良好的防空蚀、抗磨蚀、抗冰害能力;②对超过消能防冲设计标准的洪水,允许消能防冲建筑物出现局部破坏,但不应危及大坝及其他主要建筑物安全,且应易于修复,不影响枢纽长期运行。

(4)溢洪道下泄水流经消能后不能直接泄入河道且可能造成危害时,应设置出水渠。

(5)出水渠轴线方向宜顺应下游河势,宽度应使水流不过分集中,并应防止折冲水流对河岸危害性淘刷。

(6)出水渠防护措施应根据地形、地质条件和流速确定。

5. 整改措施

(1)在实际工程运用中,要根据现场的实际情况搞好闸门的调度工作,保证工程的安全运行。一般情况下,闸门以均匀、齐步、对称开启为宜。当然,也要结合原河床的情况,适当地分配泄量,使原河床的流态不致遭受大的破坏。

(2)加强管理责任落实,重视突出问题整改。

加强行洪通道的清淤和疏浚,及时做好修复和加固措施。加强对行洪设施的监督管理,建立健全监督机制。加大执法力度,对破坏行洪设施的行为进行严厉打击。加强宣传教育,提高公众的防洪意识和法律意识,从根本上减少人为原因对行洪能力的影响。

(3)陡槽冲刷破坏防治措施。高流速陡槽由于紊流边界层发展到水面,将会发生波动和掺气,掺气水深大于清水水深,所以掺气发生点下游的陡槽边墙也要求加高。对高流速陡槽为了减免空蚀破坏,当流速大到一定程度时,应在陡槽底部适当位置设置掺气设施。底板下部排水的畅通可以大大降低底板所受的扬压力。许多溢洪道、消力池的水毁破坏,与板下未设排水或者排水失效有直接关系。因而陡槽底板下应设纵横排水系统,以利渗入板下的水流能顺利排入下游,使底板始终处于良好的工作状态。

(4)底流消能冲刷防治措施。为了减免空蚀破坏,在底流消力池的设计、施工和运行管理中要设计好水流边界轮廓,防止水流脱壁。对于大型工程,除设计好水流边界轮廓线外,还应该通过水工模型试验或减压模型试验来检验、修改轮廓线,控制好空穴指数,防止水流脱壁。趾墩及消力墩的设置要慎重。大单宽流量、低弗劳德数的水流,由于存在大尺度紊动,水跃消能的效率较低。为了防止此类水流冲刷破坏,一般护坦要求做得很厚,护坦段要求做得很长。另外,在池尾设一尾槛,以减少下游的冲刷。消力池护坦,特别是趾墩和消力墩,都要直接经受高速水流的冲击,因此不但要求结构物本身具有较高的设计强度,同时在施工时必须切实保证施工质量。施工时要严格控制建筑物表面的起伏差,特别要防止出现突体。对出露的钢筋头,要切割使其与表面齐平。

(5)面流消能。利用设置在泄水建筑物出口末端的垂直鼻坎将下泄高速水流导至下游表面,通过表面漩滚和底部反漩滚消能。当鼻坎基脚的岩石软弱、破碎、抗冲流速低时,下游适当护固或加深齿墙。为了减少鼻坎竖墙处的横向回流,在闸门调度时,应尽量保持均匀、对称开启,切忌单孔全开或隔孔全开。为了截断回流或减弱回流的强度,在多孔溢流坝下游适当设置隔墙,以便分区运用或在鼻坎下设立潜水墙。为了保证鼻坎护墙以及两侧导墙在高流速泄洪时不受磨损,在工程完建时应将下游围堰拆除干净,并对下游河床一定范围内的石渣进行清理或护固。

典型问题 35 溢洪道基础及边墙渗水

1. 问题现象

(1)某水库大坝右岸溢洪道底板中部和溢洪道左侧墙存在3处漏水,如图6-63所示;大坝右岸下游坡脚与溢洪道连接部位存在1处严重漏水,如图6-64所示。

(2)某水库溢洪道底板与挡墙接缝处存在渗水,溢洪道内有大量积水,上游左侧挡墙结合部位有坍塌现象,如图6-65、图6-66所示。

(3)某水库检查时发现溢洪道边墙透水,如图6-67所示。

图 6-63

图 6-64

图 6-65

2. 原因分析

(1)防渗措施不完善。溢洪道处理好位于土基或风化岩基上溢洪道的基础,导致溢洪道基部经不起高水位水压而向下游渗漏;未能做好溢洪道与水墙和底部结合处的防渗措施,导致溢洪道经不起高水位水压而往坝底渗流。未能处理好溢洪道与导水墙的防渗措施,从边墙渗漏。

图 6-66

图 6-67

(2)裂缝发展。泄洪建筑泄洪道施工采用混凝土时,在温差的影响下往往出现早期和后期施工的裂缝。早期裂缝主要是混凝土导热性能较差,浇筑后因水泥水化热作用下温度升高,导致内外出现温差和干燥,引起内部受压而产生裂缝。后期裂缝主要由基础温差引起。泄洪道裂缝引发混凝土层面的剥落,并且在外界物理、化学因素的作用下不断扩展,加速泄洪道材料锈蚀,导致混凝土的抗冻性及耐久性的降低,增加诱发渗漏的风险。

3. 造成后果

1)危害结构稳定性

(1)土壤侵蚀与淘空。渗水会使溢洪道基础周围的土壤颗粒被水流带走。当渗水流速达到一定程度时,就会产生管涌现象。对于边墙来说,边墙背后的渗水也可能导致墙后土体被冲刷,使边墙失去背后土体的支撑力。如果边墙是依靠土体的被动土压力来维持稳定的,这种支撑力的丧失会使边墙出现倾斜甚至倒塌的情况。

(2)降低地基承载力。渗水会使地基土的含水量增加。对于一些特殊的地基土,如粉质黏土,含水量的增加会使其抗剪强度降低。当溢洪道承受水流的巨大压力以及自身的重力荷载时,由于地基承载力不足,可能会引起基础不均匀沉降。这种不均匀沉降会使溢洪道结构产生裂缝,进一步破坏结构的整体性和稳定性。

(3)破坏混凝土结构内部应力状态。渗水中的化学物质(如水中的硫酸盐、氯离子等)可能会侵蚀混凝土。在混凝土内部,这些化学物质与水泥水化产物发生化学反应,产生膨胀性物质。例如,硫酸盐与水泥中的氢氧化钙反应生成石膏,石膏进一步与水化铝酸钙反应生成钙矾石,钙矾石体积膨胀,会在混凝土内部产生内应力。同时,边墙和基础的渗水会使混凝土结构内外产生湿度差,导致混凝土产生干缩湿胀变形。这种变形会改变混凝土结构内部的应力分布,当应力超过混凝土的抗拉强度时,就会出现裂缝,从而削弱结构的承载能力。

2)诱发不良流态

(1)影响泄洪能力。基础及边墙渗水会使溢洪道过水断面的有效面积减小。边墙渗水导致边墙出现裂缝和剥落,这些剥落的混凝土块会堆积在溢洪道底部,减小了水流的过水面积。渗水还可能在溢洪道内形成局部的漩涡和紊流。当水流速度较大时,这些漩涡和紊流会消耗更多的能量,使水流的水头损失增大,从而降低溢洪道的泄洪能力。如果在洪水期泄洪能力不能满足要求,就可能会导致水库水位过高,甚至漫坝等严重后果。

(2)加剧水流冲刷。渗水在溢洪道边墙和基础表面形成的潮湿环境,会使混凝土表面的抗冲刷能力降低。同时,渗水与溢洪道内的高速水流相互作用,会产生一种“水垫”效应。这种“水垫”会使水流对溢洪道底部和边墙的冲刷力更加集中,加剧冲刷程度。

3)影响工程耐久性

(1)钢筋锈蚀。溢洪道基础和边墙是钢筋混凝土结构,渗水会使混凝土中的钢筋发生锈蚀。因为渗水中含有氧气和氯离子等腐蚀性物质,氯离子能够破坏钢筋表面的钝化膜,使钢筋处于活化状态。在钢筋锈蚀后,其体积会膨胀。一般情况下,铁锈的体积是原来钢筋体积的2~4倍。这种膨胀会导致混凝土保护层开裂、剥落,进一步加速钢筋的锈蚀,形成恶性循环,大大缩短溢洪道的使用寿命。

(2)混凝土老化加速。渗水会使混凝土长期处于潮湿环境中,这有利于微生物的生长。一些微生物(如硫酸盐还原菌)会在混凝土表面和内部生长繁殖,它们的代谢产物会对混凝土产生侵蚀作用。同时,频繁的干湿交替(渗水和自然干燥过程)也会加速混凝土的碳化,降低混凝土的碱性,使混凝土失去对钢筋的保护作用,从而导致混凝土结构耐久性下降。

4. 规范要求

《溢洪道设计规范》(SL 253—2018)的相关要求如下:

(1)溢洪道地基的防渗、排水设计应根据工程地质和水文地质条件,建筑物的重要性和作用、结构安全稳定性、防渗与排水的相互关系确定。靠近坝肩的溢洪道的防渗、排水布置与设计,应与大坝的防渗、排水系统统筹考虑。

(2)防渗和排水设施的布设应符合下列要求:①减少堰基的渗漏和绕渗;②防止在软弱夹层、断层破碎带、裂隙密集带及抗渗变形性能差的地基中产生渗透破坏;③降低建筑物基底的扬压力;④具有可靠的连续性和足够的耐久性;⑤防渗帷幕不得设置在建筑物底面的拉应力区;⑥在严寒地区,排水设施应考虑冰冻的影响,防止冰冻破坏。

5. 整改措施

1)防渗措施

溢洪道地基情况复杂多变,水流过流段长,可通过很多途径渗入建筑物的地基,故应采取适当的防渗措施,其措施可参考如下:

(1)溢洪道防渗和排水系统同时设置,以达到减少渗漏、降低水体局部压力的目的,保证地基渗流稳定和堰底抗滑稳定。

(2)当地基为弱透水层时,可不设帷幕,只在堰基上游部位采用灌浆进行固结,设置排水设施降低渗透压力即可。

(3)当地基下有明显隔水层时,应设置帷幕,帷幕到该隔水层的深度宜在 2.5 m 左右,帷幕与溢洪道的衔接要求根据溢洪道与坝肩具体情况确定。

(4)当地基的相对隔水层埋藏较深时,要增加帷幕的深度和厚度。

2)裂缝修补

溢洪道一旦出现裂缝,进行修补不但增加成本,对泄洪建筑耐久性也将产生影响,因此防止裂缝出现,必须防患于未然,其主要技术措施有:

(1)严格选择和使用材料,保证泄洪建筑在规定强度、耐久性的要求下满足施工的要求,减少水泥用量和降低混凝土的绝热温升。

(2)混凝土中掺入可以提高混凝土密度的外加剂,提高混凝土抗碳化性,减少碳化收缩。

(3)减少水分蒸发,减少干燥收缩,可以在混凝土表面形成微膜,增加其和易性。

(4)在保证强度的前提下,可以减少混凝土中水泥用量;改善水泥浆的稠度,减少泌水、沉缩变形;另外,掺入减水剂后混凝土缓凝时间越长,越能有效地防止水泥水化放热,避免塑性收缩情况出现。

典型问题 36 泄洪通道不畅通

1. 问题现象

(1)某水库溢洪道被填筑成公园道路,仅留一根水泥管泄洪,水泥管过水断面小且淤堵,严重影响水库泄洪,如图 6-68 所示。

图 6-68

(2)某水库泄洪道出口因塌方、树木、杂草等影响已基本堵塞,无法泄洪,如图 6-69 所示。

(3)某水库大坝溢洪道入口、中下部左侧修建休闲栈道,严重影响泄洪,如图 6-70 所示。

图 6-69

图 6-70

(4)某水库泄槽末端急剧束窄，泄洪时水流有可能翻出泄槽，存在度汛风险，如图 6-71 所示。

(5)某水库溢洪道入口处建有一座约 20 m^2 的活动板房，将溢洪道入口几乎完全堵塞，如图 6-72 所示。

(6)某水库未按设计要求拆除溢洪道出口原有挡水墙，影响泄洪安全，如图 6-73 所示。

2. 原因分析

1)泥沙淤积

河流中挟带的泥沙在泄洪通道内沉积是常见的原因。水库下游的泄洪河道由于泥沙逐年堆积，河床不断抬高。当泥沙淤积到一定程度时，就会减小泄洪通道的过水断面面积，降低泄洪能力。在一些小型的山区水库泄洪渠中，周边山体的水土流失也会导致泥沙进入渠道，日积月累便会造成堵塞。

2)杂物堆积

洪水本身可能会挟带大量的漂浮物，如树枝、农作物秸秆、垃圾等。这些杂物在泄洪

图 6-71

图 6-72

图 6-73

过程中会堆积在通道内。在城市周边的泄洪河道，生活垃圾被随意丢弃在河道中，遇到洪水时就会聚集在一起，形成障碍物。另外，在一些靠近森林或农田的泄洪通道，洪水会将倒下的树木、庄稼残骸等冲到通道中，阻碍水流顺畅通过。

3）建筑或设施阻碍

不合理的工程建设可能会影响泄洪通道的畅通。在泄洪通道范围内违规修建桥梁、码头等建筑物，这些建筑物的桥墩、基础等可能会缩窄泄洪通道的有效宽度。还有一些在河道内铺设的电缆、管道等设施，如果没有合理规划和布局，也会对泄洪水流产生干扰。

4）边坡坍塌

泄洪通道的边坡如果稳定性差，在洪水冲刷或其他因素（如地震、降雨等）影响下，可能会发生坍塌。坍塌的土石会直接堆积在通道内，堵塞水流。特别是在一些土质疏松的地区，泄洪通道两侧的边坡很容易出现这种情况。

5）工程设计

（1）设计标准过时。随着对洪水规律研究的深入和经济社会的发展，以往的设计标准可能无法适应新的洪水情况。气候变化导致极端降雨事件增多，原有的行洪设施设计流量计算方法没有考虑到这种气候变化因素。例如在一些沿海地区，海平面上升使潮水顶托作用增强，影响河流的行洪能力，但设计时未充分考虑这一情况。

（2）缺乏系统规划。行洪设施往往需要和其他水利设施（如水库、泵站等）协同工作。如果缺乏系统规划，就会出现问题。流域上下游之间的行洪设施没有统筹考虑。上游修建了拦水坝等设施，减少了下泄流量，但下游的行洪设施却没有相应调整，当上游需要泄洪时，下游无法承受相应的洪水流量。

6）维护与管理

泄洪闸门启闭机长时间运行导致电机过热，绝缘层被破坏，从而无法正常提供动力来开启或关闭闸门。由于闸门变形，闸门槽、丝杆扭曲，启闭装置发生故障或机座损坏、地脚螺拴失效以及卷扬机钢丝绳断裂等因素，或者闸门底坎及门槽内有石块等杂物卡阻，牛腿断裂、闸身倾斜，使闸门难以开启和关闭。

3. 造成后果

（1）洪水漫溢。泄洪通道不畅通，无法及时排出洪水时，洪水水位就会迅速上升，导致漫溢。漫溢的洪水会淹没周边的城镇、乡村、农田等，威胁人民生命财产安全。

（2）加剧洪水灾害程度。不畅通的泄洪通道使洪水排泄缓慢，洪水在一个区域内停留时间延长。这不仅会降低洪水的淹没深度，还会扩大受灾范围。原本可能只是短期的洪水影响，会因为泄洪不畅而变成长时间的涝灾，对基础设施如道路、通信设施等的破坏也会更加严重。

（3）影响水利设施安全。对于水库、水闸等水利设施来说，泄洪通道不畅会对其本身结构造成巨大压力。水库内的水压力急剧增加，可能导致大坝出现裂缝甚至溃坝。水闸如果不能正常泄洪，闸门也可能会因为承受过高的水头而损坏。

4. 规范要求

1）《中华人民共和国水法》

第三十七条 禁止在江河、湖泊、水库、运河、渠道内弃置、堆放阻碍行洪的物体和种植阻碍行洪的林木及高秆作物。

2)《溢洪道设计规范》(SL 253—2018)

(1)溢洪道可由进水渠、控制段、泄槽、消能防冲设施及出水渠等建筑物组成。

(2)设有正常、非常溢洪道时,正常溢洪道泄洪能力不应小于设计洪水标准下溢洪道应承担的泄量。非常溢洪道启用标准应根据工程等级、枢纽布置、坝型、洪水特性及标准、库容特性及对下游的影响等因素确定。非常溢洪道泄洪时,水库最大总下泄流量不应超过坝址同频率天然洪峰流量。

(3)溢洪道布置应使水流顺畅,轴线宜取直线。如需转弯,弯道宜设置在进水渠或出水渠段内。

(4)溢洪道应合理选择泄洪消能工布置和泄洪消能形式,其出口水流应与下游河道平顺衔接,避免下泄水流对坝址下游河床和岸坡的严重淘刷、冲刷以及河道淤积,影响枢纽其他建筑物的正常运行。

(5)溢洪道的闸门启闭设备及基础抽排水设备,应设置备用电源,且供电可靠。

5. 整改措施

1)定期清理和维护

(1)及时做好清淤工作。水库泄洪通道如果沉淀了大量的泥沙,不仅会降低泄洪能力,还可能会对泄洪结构造成破坏。因此,清淤工作一直是水库维护工作中必不可少的一项工作。进行清淤时,可以采用倒吸式清淤机、清淤船等设备,将淤积物清除干净。清淤工作一般每年需要进行一次,也可以根据实际情况进行定期或不定期的清淤。

(2)维护排水管道。排水涵洞是水库泄洪的重要通道,如果排水涵洞出现堵塞或损坏就会影响泄洪通道的畅通。排水管道的维护保养主要包括以下几个方面:定期检查排水涵洞的密封情况,如果出现漏水现象,应及时进行修补。定期疏通涵管,以防止管道内的淤积物对泄洪通道的影响。对涵闸进行定期检查、保养,以确保泄洪时正常打开和关闭。

(3)安装拦污栅。在水库泄洪前,有可能会出现大量的污水和漂浮物质,这些物质会对泄洪通道的泄洪能力造成一定的影响。为了避免这种情况的发生,可以在泄洪通道入口处安装拦污栅。拦污栅可以有效地过滤掉泄洪通道中的大块漂浮物,确保水库泄洪时畅通高效。

2)做好安全管理

严格执行管理范围内的巡查检查工作,及时发现并制止人为设障等现象。加强法律法规宣传和警示告知工作,采取隔离措施等减小人为活动对库区行洪的影响。

3)加强监测和预警

安装水位、流量等监测设备,实时掌握泄洪通道的水流情况。当发现水位异常上升或流量减小等可能是通道不畅的迹象时,及时发出预警。利用现代信息技术,如卫星遥感、无人机巡查等手段,对泄洪通道进行全面的监测,及时发现边坡坍塌、异物堆积等问题。

4)合理规划和管理建设活动

在泄洪通道附近进行工程建设时,要进行严格的规划和审批。确保建筑物和设施不会影响泄洪通道的功能。对于已经存在的可能影响泄洪的建筑,要进行评估和改造,如拓宽被桥墩缩窄的河道部分,或者对不合理的管道进行重新铺设。

5)边坡加固和防护

对泄洪通道两侧的边坡进行加固,减少水土流失和边坡坍塌的风险,保证泄洪通道的畅通。

6.3 放水建筑物

典型问题37 放水建筑物不能正常运行

1. 问题现象

(1)某水库放水建筑物斜拉杆已断裂,放水涵管进水口段被封堵,无法正常使用,如图6-74所示。

图6-74

(2)某水库放水涵洞的螺杆启闭机及螺杆拆除,闸门前采用土堆围挡,如图6-75所示。

图6-75

(3)某水库放水涵管损坏严重,已丧失功能,如图 6-76 所示。

图 6-76

(4)某水库放水涵洞被人为封堵,不能运用,如图 6-77 所示。

图 6-77

(5)某水库放水洞内放水阀门锈蚀严重且无标识,闸门处于全关状态,无法开启,如图 6-78 所示。

(6)某水库放水设备缺失,无法正常启闭运行,如图 6-79 所示。

图 6-78

图 6-79

2. 原因分析

放水建筑物不能正常运行，表象问题是闸门无法开启或关闭、进水口淤堵等，究其原因，主要有以下几个方面。

1) 对放水建筑物存在的问题不重视

总体上，一些地方主管部门对小型水库安全运行的重要性认识普遍不足，对小型水库的管理重建轻管的传统观念仍然突出。对小型水库普遍存在的病险问题，受经济条件和技术水平的制约，小型水库除险加固或改造的重点更倾向于大坝、溢洪道。对于放水建筑物，虽然直接影响水库供水或灌溉效益，却常常忽略了普遍存在的运行管理不便、检查维修困难、存在安全隐患等诸多问题，部分小型水库在除险加固过程中因地方配套资金落实不到位，对施工方案中放水建筑物子项目进行了删减或变更，问题积小成大，导致放水建筑物不能正常运行。

2) 对放水建筑物日常维护不到位

由于管理经费不足或安全运行监管意识不够，小型水库普遍存在未制定或未执行相关维修养护制度的情况，加上日常很少开启使用，导致放水建筑物设施得不到及时养护，影响了工程安全运行，加速了工程衰损与报废。部分小型水库放水设施进水口为卧管式和塔式，运行时需人工下水或下井启闭，运行管理不便，且存在溺水或窒息等安全隐患，一定程度上运行人员使用意愿不高，随着时间增长，设备设施锈蚀、毁损，导致不能正常运行。一些小型水库，由于平常放水建筑物基本不使用，为了节省日常维护成本支出，干脆一封了之、一堵了之。一些小型水库出租谋取经济利益，承租方对放水建筑物疏于管理或干脆不管理。

3）部分放水建筑物设计施工不合理导致维护困难

大部分小型水库建设较早，既受到当时社会形势和经济条件的限制，又缺乏相关标准，对小型水库放水建筑物使用过程中可能存在的安全隐患认识不足。比如，断面小、强度低的小型水库放水涵管容易发生堵塞，但当时的设计主要考虑满足灌溉流量要求，并且在管理运行上考虑不够，因此一部分断面尺寸较小的放水涵管常被块石、树枝、淤泥及其他杂物堵塞，涵管由于结构承载能力低而被外力压破堵塞。这种小型涵管堵塞后，清理非常困难。还有一部分放水建筑物采用的是坝下涵管，这类涵管不仅尺寸较小而且深埋坝下，大部分涵管自建成后就未曾进行过检修维护，经多年运行，不同程度地存在着管底淤积等问题。

3. 造成后果

小型水库放水建筑物不能正常运行，根据小型水库的基本功能，造成的后果主要有以下三个方面：

一是威胁人民群众生命财产安全。小型水库放水建筑物，尤其是坝下涵管具有控制泄流、放空水库、施工期内导流等综合利用的功能。很多小型水库是当地重要的防洪设施，但防洪标准普遍不高，遇上洪水能提前放空或尽快降低库容十分重要。放水建筑物不能正常运行，发生洪水或紧急情况后，就不能满足降低水库水位的要求，水库抗击洪水综合能力降低，可能会导致洪水泛滥和水库坍塌，造成人员伤亡和财产损失。

二是既有灌溉供水作用得不到发挥。一些小型水库是当地的灌溉、供水设施，如果小型水库放水设施不能正常运行，就无法发挥最基本的灌溉、供水作用，水资源得不到充分利用、水库功能不能发挥，影响当地的生产和生活。

三是影响当地生态环境。一些小型水库是当地的水生态设施。放水建筑物不能正常运行，一方面可能会造成库容水的水质污染和生态破坏，另一方面也无法放水发挥生态流量作用，不利于改善周边和下游水生态环境。

4. 规范要求

1）《小型水库安全管理办法》（水安监〔2010〕200号）

第十三条 小型水库工程建筑物应满足安全运用要求，不满足要求的应依据有关管理办法和技术标准进行改造、加固，或采取限制运用的措施。

第十六条 放水建筑物的结构及抗震安全应符合有关规范规定。对下游有重要影响的小型水库，放水建筑物应满足紧急情况下降低水库水位的要求。

2)《土石坝养护修理规程》(SL 210—2015)

应定期检查输水洞、涵、管等的完好情况及其周围土体的密实情况,及时填堵存在的接触缝和接触冲刷形成的缺陷。

5. 整改措施

可以从管理措施、技术措施、创新措施等方面同向发力、持续推进,从根本上解决小型水库放水建筑物不能正常运行的问题。

1)进一步明确落实小型水库监管职责

放水建筑物是小型水库实体工程的主要组成部分。放水建筑物不能正常运行,一定程度上来说就是存在管理缺失缺位的问题。为确保包括放水建筑物在内的小型水库的安全和有效运行,就必须明确落实监管职责。根据《国务院办公厅关于切实加强水库除险加固和运行管护工作的通知》(国办发〔2021〕8 号)要求,以及水利部《关于健全小型水库除险加固和运行管护机制的意见》(办运管〔2021〕263 号),明晰地方政府主导责任、水行政主管部门监管责任。小型水库管理部门要完善并严格落实日常维护、定期检查、安全监测等管理制度,确保放水建筑物等设施时时处于良好状态,能及时识别并解决潜在的安全问题。

2)进一步扎实推进专业化管护模式

小型水库放水建筑物不能正常运行,很多情况是管理队伍不专业、没有能力去做好专业维护所致。按照《关于健全小型水库除险加固和运行管护机制的意见》(办运管〔2021〕63 号),因地制宜地选择区域集中管护、政府购买管护服务、"以大带小"管护、"小小联合"、"工程保险"等行之有效的小型水库管护模式,因地制宜地制定符合地区情况的管理标准。同时,加强对小型水库管理人员的专业水平提升,确保用专业的人干专业的事,真正实现小型水库管理的专业化、规范化和高效化。

3)进一步从根本上消除放水建筑物不能运行的问题

一部分小型水库的放水建筑物已经运行多年,不能正常运行确是工程实体本身问题,需要对包括放水建筑物在内的水库实体工程存在的问题进行全面梳理,明确问题的具体情况和性质,并根据问题特点制定相应的整改方案。不能通过简单维修解决的,要通过除险加固弥补和解决放水建筑物不能正常运行等"历史欠账",确保工程安全运行,充分发挥工程效益。

4)进一步加强对新模式、新技术的研究和应用

探索小型水库物业制、管家制等新型管理模式,充分利用现代化信息手段和管理工具,规范管理行为,提高管理能力,从工程状况、安全管理、运行管护、管理保障和信息化建设等方面,实现小型水库工程全过程标准化、制度化管理。加强对放水建筑物进水口改造技术、涵管无损检测、智能化巡检等技术的研究和应用。

典型问题 38　涵(洞、虹吸管)存在渗漏

1. 问题现象

(1)某水库放水涵出口处渗漏(坝下埋涵),如图 6-80 所示。

图 6-80

(2)某水库放水涵闸门渗漏,如图 6-81 所示。

图 6-81

(3)某水库放水涵洞闸门关闭后漏水,如图 6-82 所示。

图 6-82

2. 原因分析

放水涵洞渗漏表现形式多样,但最基本的原因主要有以下两种:

一是产生接触渗漏。接触渗漏是由于放水涵洞管壁与土体是两种不同的介质;接触处存在结合面,水在压力作用下沿着结合面从上向下渗透而产生的渗漏。当管身周围土体填筑质量差、夯压不实；或者涵管截水环等措施未按照规范要求设置、施工，水流渗径短，以及地基不均匀沉降等都容易形成渗漏通道，接触渗漏情况就容易出现。在放水涵洞下游出水口周边土体有水渗出，通常为放水涵管的接触渗漏。

二是产生管身渗漏。管身是由于涵管存在裂缝（断裂）、伸缩缝止水老化损坏、管身混凝土施工振捣不实、施工存在冷缝、涵管接头存在缺陷等问题，有压水流沿着这些薄弱环节渗入或流入。一般情况下，涵管内壁漏水处有结晶物析出或锈斑出现，严重时产生射流。关闭闸门后涵管出口依然有水渗出，且出水浑浊或者带泥，通常为涵管破损。

此外，还有一些渗漏问题是由于小型水库放水口闸门等金属结构变形失效所致。

3. 造成后果

一些小型水库由于建设早、建设设计标准偏低，不少小型水库在经过长时间运行后，放水涵洞出现老化、裂缝、渗漏、下游出水口周边土体有水渗出，或者关闭闸门后涵管出口依然有水渗出，且出水浑浊或者带泥等不同程度的问题。放水涵管渗漏不加治理，会发展成管涌、坝体水饱和（液化）、涵管周边土体被淘空滑坡等破坏，不仅影响水库充分发挥工程效益，甚至可能造成溃坝事故，需要及时针对放水涵洞渗漏问题进行修复加固。

4. 规范要求

1）《小型水库安全管理办法》（水安监〔2010〕200 号）

第十三条 小型水库工程建筑物应满足安全运用要求，不满足要求的应依据有关管理办法和技术标准进行改造、加固，或采取限制运用的措施。

第十六条 放水建筑物的结构及抗震安全应符合有关规范规定。对下游有重要影响的小型水库，放水建筑物应满足紧急情况下降低水库水位的要求。

第二十四条 水库主管部门（或业主）应按规定组织所属小型水库进行大坝安全鉴定。对存在病险的水库应采取有效措施，限期消除安全隐患，确保水库大坝安全。

2）《土石坝养护修理规程》（SL 210—2015）

混凝土涵（管）壁渗漏修理应按 SL 210—2015 中有关混凝土渗漏处理的规定执行。浆砌石涵出现灰浆脱落或裂缝漏水时，应将砌缝或裂缝洗涤干净，用玻璃纤维堵塞漏缝，再用掺有水玻璃的快速水泥砂浆勾缝。

5. 整改措施

小型水库放水涵洞渗漏，原因是多方面的，处理方式当然也不尽一致。一般对于质量尚可、断面较大且方便施工的放水涵洞，基本的处理方式就是通过采用“上截下排”的方式，采用灌浆、开挖回填或者是灌浆与开挖回填相结合的工艺组合，采取对其加固的措施。

1）涂抹填充灌浆处理

放水涵洞由于混凝土水灰比过大、浇筑不均匀、养护不到位、防水层与基层黏结不牢等因素产生渗水通道，导致涵管表面出现蜂窝、麻面、泛碱、碳化等情况。这类问题主要处理措施为采用防水砂浆进行表面封闭，形成致密防水层，从源头上阻断渗水通道。

放水涵洞由于水泥品种、砂石颗粒级配选择不当，骨料过粗，流动度状态过大，养护不到位，结构特征异常和配筋不当等因素，都会造成混凝土出现薄弱孔隙，出现微小孔洞引发的渗漏。还有就是一部分小型水库在修建时，放水涵洞两侧的回填土没有夯实，或者是地基发生沉降,在水库蓄水后,放水涵管变形形成渗漏通道,再加之长期的渗漏没有处理,在放水涵管的周围就会形成空洞。这类渗漏治理主要通过灌浆封堵方式,即通过预埋管道将灌浆修补材料以一定压力输送到缺陷部位混凝土内部,待浆液硬化,将孔道填充密实,实现封闭空隙、防渗堵漏的效果。首先在处理之前要确定发生问题的准确位置,确定实际区域,根据前期对放水涵洞病险部位的测量确定灌浆位置、灌浆压力、灌浆材料以及灌浆浓度。再将其灌注孔内,注意要关注灌浆的压力,避免灌浆压力过大造成新的病害。材料一般选择黏土水泥浆,在灌浆的过程中为保证灌浆的效果,要控制好灌浆次数和时间间隔。

2)倒挂井增设截水环处理

一些小型水库的土坝放水涵洞沿管壁接触渗漏,属于比较严重的漏水现象,针对这种渗漏的处理过程也相对烦琐。一般需要在管壁外增设截水环。由于输水涵洞处于地下,从地面开挖费时费力,还容易发生其他次生灾害或形成新的工程缺陷,影响小型水库的整体运行。可以采用倒挂井施工方式,倒挂井就是在坝顶浇筑混凝土锁梁,梁下修建混凝土倒挂井逐层向下开挖、立模、浇筑混凝土。在进行小型水库的土坝坝内倒挂井开挖时,一定要注意安全,控制开挖的深度,要注意发生塌方的风险。为防止在施工过程中发生塌陷,可以考虑采取灌注黏土、水泥、丙凝水泥浆液进行灌浆充填以加固井壁的持重能力。

3)高压喷射灌浆处理

高压喷射灌浆处理也是处理小型水库放水涵洞管壁接触渗漏的一种方式。高压喷射灌浆是用高压水或者是高压浆液,形成高压喷射束,通过高压、高速冲破底层,并以水泥浆与土层结合,形成柱状或者板墙状的凝结体,以提高土质大坝的低级防渗以及承载能力。需要注意的是,高压喷射时一定要注意不要破坏土坝与涵管之间的土体。高压喷射一般有旋喷、摆喷、定喷等施工方式,以截水为目的的喷射一般采用定喷或者是旋喷,进行喷射的压力以及浆料的选择一定要根据现有大坝的材料以及致密程度进行。在进行高压喷射灌浆处理时,不用像倒挂井那样开挖土层,只需要找准放水涵洞的隐患处进行有针对性的喷射就可以。这种方式对施工场所的要求不是很严格,不需要像倒挂井那样准备护壁浆液,或者是制备混凝土浇筑系统。高压喷射灌浆处理对施工环境的要求不高,但对施工技术要求高,对地层的材质要求也很严格,多用于砂土或者是淤泥质土,对于一些黏性较大的土质,效果就不是很理想,也容易出现工程质量问题,很难形成预想中的黏土板墙或者是泥结石墙体的厚薄很不均匀。

4)其他处理方法

在放水涵管内部出现混凝土脱落以及裂缝缺陷时,会发生管道内部水外渗的现象,这种情况下一般不能采用人工进入涵管涂抹黏合材料补漏,通常选择套管法维护,加固原有的涵管。套管法需要注意处理好套管与原管之间的缝隙,防止套管后漏水。一般,放水涵管渗漏严重,通过以上方式很难解决,或者出现结构性裂缝危害放水建筑物甚至整体安全时,需采取结构处理与表面处理措施"双管齐下"的方法,必要时就要考虑废弃原涵洞,选择原址拆除重建或者异地新建输水建筑物,以确保满足结构除险加固的修复目标。

典型问题 39 放水涵洞存在裂缝、塌坑、凹陷、隆起等

1. 问题现象

（1）某水库放水涵洞存在裂缝、塌坑等现象，如图 6-83 所示。

图 6-83

（2）某水库坝体迎水坡面板放水涵管区域明显塌陷，如图 6-84 所示。

图 6-84

（3）某水库输水洞出口段局部坡脚存在混凝土脱落，钢筋外露，如图 6-85 所示。

图 6-85

2. 原因分析

分析放水涵洞存在裂缝、塌坑、凹陷、隆起等问题的原因,主要有以下几种。

1)放水涵洞自身结构老化和损坏

放水涵洞多建于小型水库坝基或直接位于坝身填土上,受当时条件限制,基础多数未处理,洞身无基座,且沿洞身轴线坝体荷载不一,决定洞身结构受力的不均匀,洞身极易产生不均匀沉降,导致断裂,破坏结构稳定性。施工中混凝土养护不当、伸缩缝设置间距大等原因,导致混凝土体新老混凝土连接处或混凝土与砌体连接处形成温度裂缝。放水涵洞结构长期受到水的浸泡,导致水渗透进混凝土中,水渗透会引起混凝土内部的化学变化,加速混凝土的老化,导致结构性能的下降。还有一些小型水库,放水涵洞管身结构强度不足,设计为无压涵管但有压运行且管理运用不当,未设置沉降缝、伸缩缝,或者结构缝间距过大,温度应力导致放水涵洞产生裂缝、塌坑、凹陷、隆起等问题。

2)周边地质条件和环境影响

小型水库所在地区的地质条件形成的滑坡、地裂缝等地质灾害,可能导致对小型水库整体稳定性产生影响,也导致放水涵洞出现裂缝、塌坑、凹陷、隆起等问题。在水库周边进行的非法建设和违规开采活动,以及暴雨、洪水等气候变化导致极端天气事件破坏了水库周边的地质环境,加剧了放水涵洞等水库坝体的风险。在一些地区,放水涵洞混凝土结构经历冻融循环的作用,冻结时水膨胀,融化时又收缩,导致混凝土的微裂纹扩大,最终导致结构的疲劳和强度减弱。还有一些小型水库,水体中的盐分、酸雨等化学物质,对混凝土产生侵蚀作用,化学侵蚀导致混凝土表面脱碳和溶解,进而引起混凝土的疏松和脆弱。长期受到各种环境因素的影响,放水涵洞混凝土发生裂缝、脱落和剥落等问题,不仅降低了结构的整体强度,还可能导致结构的不稳定性。

3)管理不善与维护不到位

一些小型水库缺乏科学的管理制度和规范,导致巡查、监测、检修等方面的不足,使一些潜在的问题和隐患无法及时被发现，出现问题初期未及时发现并处理，导致小问题演变为大问题，成为大的安全隐患。一些小型水库对管理和队伍建设不重视，水库运行管理人员技术、工程、环境等方面的知识不足，漠视潜在的风险，忽视隐患的存在和发展。一些水库放水涵管尺寸较小且深埋坝下，大部分涵管自建成后就未曾进行过检修维护，运行管理单位对放水涵管的真实性状知之甚少，经多年运行，一旦问题外显，就是大问题。

3. 造成后果

放水涵洞存在裂缝、塌坑、凹陷、隆起等问题，基本都属于涵洞结构的问题，不及时修复加固，不仅影响水库充分发挥工程效益，甚至可能造成溃坝事故。

4. 规范要求

1)《小型水库安全管理办法》(水安监〔2010〕200 号)

第十三条 小型水库工程建筑物应满足安全运用要求，不满足要求的应依据有关管理办法和技术标准进行改造、加固，或采取限制运用的措施。

第十六条 放水建筑物的结构及抗震安全应符合有关规范规定。对下游有重要影响的小型水库，放水建筑物应满足紧急情况下降低水库水位的要求。

第二十四条 水库主管部门(或业主)应按规定组织对所属小型水库进行大坝安全鉴定。对存在病险的水库应采取有效措施，限期消除安全隐患，确保水库大坝安全。

2)《小型水利水电工程碾压式土石坝设计规范》(SL 189—2013)

对坝体缺陷、病害或安全隐患，可采取下列措施进行加固处理：对泄水、引水建筑物，应根据具体病害和安全隐患状况进行加固。

3)《土石坝养护修理规程》(SL 210—2015)

(1)涵(管)质量差、洞壁单薄、漏水严重或发生断裂时可采用内衬和套管进行加固。

(2)因地基不均匀沉陷而导致涵(管)断裂时，应首先加固地基，再修复涵(管)结构。如断裂部位在进、出口附近，可直接挖出松软土体，用三合土分层填筑夯实；如断裂部位在中段，可在洞内钻孔进行基础固结灌浆或开挖基础换土回填。

5. 整改措施

1)涵洞封堵

一些小型水库由于大坝高、坝长短、放水涵洞埋深大，采取拆除重建措施时造成的开挖断面较大，为满足稳定开挖边坡坡比要求，需破坏较长坝段，因而在具体加固工程实施时不采用开挖方式，多数采用涵洞封堵的方式。涵洞封堵可在进口或者出口段进行局部开挖，浇筑混凝土堵头或者采用毛石混凝土堵头，并结合采用涵身周围回填灌浆方法；对于可进人涵洞，也采用洞内浇筑混凝土堵头并采用接触灌浆方式封堵。涵洞封堵方式有浇筑工程量小、投资少、不涉及较大断面开挖等优点，常用于输水洞埋管较深，拆除重建开挖回填工程量极大的情况。进出口段浇筑堵头方法需在大坝坝坡造孔对涵洞进行回填灌浆，这要求对涵洞位置进行精准定位，否则回填灌浆很难达到预期效果。洞内封堵对接触灌浆质量要求较高，施工前需进行试验，并采用合理的施工工艺。在圬工结构洞身施工前还需对原洞身进行加固。

2)拆除重建

一些小型水库放水涵洞埋深较浅，拆除重建时开挖断面较小，在放水涵洞除险加固时广泛采取拆除重建的措施。具体实施时根据放水涵洞病害情况,可采用局部拆除重建和整体拆除重建的方式。拆除重建输水洞有着处理较为彻底,施工难度小,施工工艺简单,可根据运行管理要求选用不同的建筑形式及洞身尺寸等优点,多用于坝高较低的水库。整体拆除重建输水洞的除险加固措施,回填时应采用黏粒含量较高土体并控制回填土的压实度,防止后期运行中出现渗漏通道;局部拆除重建输水洞的除险加固措施,设计施工时新老建筑物接触位置的衔接处理尤为重要,如处理不当极易造成缝隙存在,提供渗漏通道,影响大坝安全。由于坝体形状决定输水洞洞身受力不均匀,采取拆除重建措施时洞身基础及自身强度应有足够的可靠度。

3)新建放水隧洞

新建放水隧洞的除险加固措施一般结合涵洞封堵措施使用,为水库枢纽提供新的放水通道,保证灌溉及水库防洪需求。对于坝内涵管渗漏严重、有条件打放水隧洞的水库应优先采用打放水隧洞替代原坝内输水洞涵管方案,封堵原坝内涵管。一些小型水库,大坝高,坝长短,不适宜拆除重建现有放水隧洞,也不适合在坝体新建放水隧洞,另选新址建设输水隧洞就成为最有效的除险加固措施。新建放水隧洞有一定的施工难度,施工过程中可能遇到涌水、涌泥、坍塌等情况,因此施工中超前地质预报尤为重要。超前地质预报,可大大提高设计人员与施工人员对围岩状态、特性的判定,超前谋划科学的开挖方式及合理有效的支护方案。

4)安装涵洞套管

涵洞套管措施多采用在原放水洞内套PE管的方法,这种措施施工技术简单,不需开挖土石方,极大缩短工期,同时可充分利用原放水隧洞洞身支撑作用,涵洞内套管所受外力较小,减少工程投资。PE管物理性能优良:柔性好,耐扭曲,抗强震;耐磨损,耐冲击,耐低温性能好等;化学稳定性好,耐各种酸、碱、盐腐蚀;管材结构强度高,内壁平滑,摩阻低,过流量大,连接方便,接头密封性好,无渗漏,无毒无污染,重量轻,施工快捷,使用寿命长。涵洞套管施工中对原洞身涵管与新套管之间空隙处理技术要求高,一般采用充填灌浆工艺,常用孔口封闭式循环灌浆法灌注水泥砂浆。灌浆压力选用及水泥砂浆配合比应根据现场试验确定,灌浆后应检查灌浆质量,判别灌浆密实程度,对于脱空较大部位还需重新开孔补灌,以保证新旧管道充分黏合,提高整体性。

第7章 设备设施

7.1 金属结构及机电设备

典型问题40 闸门及启闭设施锈蚀、变形

1. 问题现象

(1)某水库放水建筑物不能正常运用,水库放水闸门无法启闭,如图7-1所示。

图7-1

(2)某水库启闭设备锈蚀严重,制动系统失效,如图7-2所示。

图7-2

(3)某水库输水洞闸门锈蚀，关闭不严，启闭机不能正常使用，如图7-3所示。

图7-3

(4)某水库启闭机锈蚀严重，无法正常使用，如图7-4所示。

图7-4

2. 原因分析

闸门和启闭设施的锈蚀与变形原因可分为外界环境影响、运行工况不良、操作运行不规范、维修养护缺失、闸门制造及安装工艺不良等。

1)外界环境影响

小型水库的闸门和启闭设施多数为钢制材质，由于钢闸门及启闭设施工作环境的特殊性，钢闸门一部分长期处于水下，表面的涂料保护层在泥沙、水流等异物的冲击下，强度会有所降低，水分子及氧气等物质会透过设备涂料保护层的间隙与金属材质发生化学反应，在金属表面形成腐蚀物质。此时，闸门表面的涂料保护层会出现“泡状”隆起物，并逐渐扩大，最终在水流冲击、杂质碰撞等外力作用下失效。这时金属将完全暴露在水中，闸门表面逐渐形成水膜，溶解氧气、二氧化碳等物质，钢闸门会成为负电位的原电池，发生电化学腐蚀，加速闸门锈蚀和变形。钢闸门水面以上部分和启闭设施如果长期受紫外线照射会导致表层防腐涂层疏松、失效最终脱落，加之附近会汇集较多的水蒸气，也会发生电化学腐蚀。

2)运行工况不良

闸门和启闭设施是控制水库蓄水量和放水流量的关键设施，在工作中长期受水力、风力等一些外力的影响，钢闸门和启闭设施金属结构会产生振动。此外，与长期关闭的闸门相比较而言,经常性开闸泄水的钢闸门更易形成冲蚀磨损,频繁的运作会导致金属结构产生一定程度的磨损和变形。同时,水流速度的快慢也会对水工钢闸门防腐性能产生一定的影响。水流较快的情况下,会带动泥沙冲击水工钢闸门的表面产生冲蚀腐蚀。

3)操作运行不规范

闸门的启闭操作应当符合操作规程,如发生操作不当情况,则会造成结构变形损坏。例如,闸门限位装置失效状态下强制启闭造成闸门冲顶导致闸门变形、启闭设施损坏等。另外,闸门启闭前未检查上、下游管理范围和安全警戒区内有无船只、漂浮物或其他施工作业,并进行处理;未检查闸门启闭状态、有无卡阻;未检查启闭设备及供电设备是否符合运行要求;未观察上、下游水位和流态,核对流量与闸门开度等,因启闭前物的不良状态造成操作事故引起损坏等。

4)维修养护缺失

闸门及启闭设施应当按照规范检查养护,在长期运行过程中,闸门和启闭设施因受磨损、受力、振动等因素都会严重影响其质量,造成启闭机的性能、效率和安全性有所下降并可能会存在安全隐患。所以,缺少对闸门和启闭设施的检查、保养,将加剧机械磨损,造成锈蚀,缩短闸门、启闭设施的使用寿命。

5)闸门制造及安装工艺不良

(1)焊接工艺差。目前,水工钢闸门的制造技术及加工工艺有了有效改善,但在实际加工过程中,依然存在焊缝高度低于国家标准或焊缝不饱满等情况。在焊接过程中,焊接处所产生的局部内应力是无法掌控的,加之运行过程中闸门受到外力作用,不合格的焊缝将会出现裂纹,进而引发形变和锈蚀。

(2)防腐质量差。水工钢闸门施工时,防腐施工是一项至关重要的内容。防腐施工是否到位,会对水工钢闸门的抗腐蚀性能产生直接的影响。水工钢闸门喷涂防腐施工时,存在一些孔隙、裂纹、针孔,或者焊缝处喷涂不均匀,极易出现掉皮、裂纹等现象,进而破坏水工钢闸门的防腐层,最终导致腐蚀病害的发生。

(3)安装工艺差。安装过程中受到外力作用,防腐涂层破损或轻微变形,为后续闸门和启闭设施锈蚀和变形留下“导火索”。

3. 造成后果

如果水闸和启闭设施锈蚀、变形,会产生以下危害:

(1)闸门无法启闭。小型水库的功能多为调蓄、灌溉,如果因闸门和启闭设施锈蚀、变形导致闸门无法启闭,那将对水库的控制运用造成影响,甚至导致水库无法放水,不仅失去工程效益还带来防洪风险。

(2)闸门漏水。闸门锈蚀、变形将导致闸门漏水。对于水库来说,闸门漏水一方面将导致水库蓄水水资源的损失进而造成经济损失;另一方面,闸门漏水将引起振动,危害闸门及埋件。此外,漏水进入水工建筑物混凝土裂缝后,冬季结冰冻胀,也加重了建筑物裂缝的发展。

4. 规范要求

1)《水工钢闸门和启闭机安全运行规程》(SL/T 722—2020)

闸门操作应符合下列规定:

(1)闸门运行改变方向时,应先停止,然后再反方向运行。

(2)不具备无人值守条件的,操作闸门时应有人巡视和监护。

(3)闸门启闭发生卡阻、倾斜、停滞、异常响声等情况时,应立即停机,并检查处理。

(4)闸门操作应满足其调度运行要求,闸门不得停留在异常振动或水流紊乱的位置。

(5)闸门启闭后应核对开启高度,按照要求完成工作。

(6)闸门操作应有专门记录,并归档保存。

2)《水闸技术管理规程》(SL 75—2014)

闸门操作运行应符合下列要求:

(1)过闸流量应与上、下游水位相适应,使水跃发生在消力池内。可根据实测的闸下水位-安全流量关系图表进行操作。

(2)过闸水流应平稳,避免发生集中水流、折冲水流、回流、漩涡等不良流态。

(3)关闸或减少过闸流量时,避免下游河道水位消落过快。

(4)开闸或关闸过程中,避免闸门停留在发生振动的位置。

闸门启闭前应做好下列准备工作:

(1)检查上、下游管理范围和安全警戒区内有无船只、漂浮物或其他施工作业,并进行处理。

(2)检查闸门启闭状态,有无卡阻。

(3)检查启闭设备及供电设备是否符合运行要求。

(4)观察上、下游水位和流态,核对流量与闸门开度。

5.整改措施

针对闸门和启闭设施防腐与变形的处理措施不同,需要分开讨论,具体如下。

1)防腐处理措施

(1)涂层防腐。水工钢闸门和启闭设施等防腐时最直接有效的方式就是采用涂层防腐法,通过在金属结构表面涂抹防腐涂料,形成防腐层,将金属结构和腐蚀介质相隔绝,最终达到防腐的目的。如果想要达到更好的效果,可采用金属热喷涂防腐法,该方法主要利用电弧、火焰将金属材料熔化处理后,借助高速气流将其吹成细小颗粒喷在水工钢闸门的表层,进而起到防护效果。金属热喷涂防腐法应用时,需使用锌、铝、锌铝合金等材料。

(2)电化学防腐。主要包括两种:一是外加电流保护法,二是牺牲阳极法。牺牲阳极法指的是将具备较强还原性的金属作为保护极,然后连接至钢闸门,形成原电池,具备较强还原性的金属作为负极产生氧化反应,进而被消耗掉,此时水工钢闸门则处于被保护状态,不会被腐蚀。牺牲阳极法在水工钢闸门防腐中的应用,并不需要额外的外加电源,而且防腐施工以及后期维护工作非常便利,但是该法也有一定的缺陷,需定期补加阳极材料方可始终维持良好的防腐性能。

(3)联合防腐法。顾名思义,就是将两种及以上方法联合应用,进而提升水工钢闸门的防腐效果。现阶段,应用较长和效果较好的是阴极保护+涂料联合防腐法、热喷金+涂料联合防腐法。水工钢闸门作为水工建筑物的重要部件,传统单一的防腐方法早已无法满足防腐工作需求,在此背景下,联合防腐法应运而生。例如,采用热喷金+涂料联合防腐法,可显著提升涂层封闭效果,延长水工钢闸门的使用寿命,因而被应用于水电站水工钢闸门及其附属配套钢结构防腐施工中。

2)变形处理措施

(1)优化设备选型。根据水库设计的运行工况和工程调度细则选择最适合的闸门和启闭设施,包括闸门材质、闸门形式、启闭方式等从源头上提高工程质量。

(2)提高制造安装工艺。优化钢闸门和启闭设施的制造安装方法,控制水工钢闸门焊接变形问题,使钢闸门的焊接变形被控制在允许的范围内,同时与设计的相关规定和要求相符合。在完成钢闸门焊接工作后,需做出适当矫正,确保使用质量不受任何因素的影响,将各个环节的施工工作落实到位,提高工程的整体质量。

(3)优化调度运行。尽可能减少高水头、大流量或冰冻运行工况对闸门的冲刷而引起闸门、螺杆等设备的振动变形。

3)巩固措施

(1)建立健全工程检查、维修养护管理制度。结合水工钢闸门维修检查养护工作实际需求,制定具备较高科学性、可行性的维修养护管理制度,明确水工钢闸门检查、维修养护关键内容,编制出尽可能完善的水工钢闸门检查维修养护方案,及时了解掌握水工钢闸门防腐层情况,若发现存在破损,要及时修复或更换,进而恢复正常的状态。

(2)实施信息化监测。对于设备的锈蚀可加强视频监控模型比对,对设备的变形可利用应力、变形、振动等在线监测装置实时进行变形监测,分析设备变形趋势,如发生不利情况, 可以尽早发现,及时调整、纠正,控制锈蚀、变形的发展趋势。

典型问题 41 闸门主要承重件出现裂缝

1. 问题现象

(1)某水库放水闸门主要承重件出现裂缝,水库放水闸门变形漏水,如图 7-5 所示。

图 7-5

(2)某水库放水闸门主要承重件出现裂缝,水库放水闸门锈蚀变形,如图 7-6 所示。

2. 原因分析

闸门主要承重件出现裂缝的位置通常在主梁,其发生裂缝的原因可分为闸门设计制

图 7-6

造因素、不合理的控制运用、检查养护缺失等。

1）闸门设计制造因素

首先，在闸门选型上应结合工程实际与设计规范，选择合适的闸门形式，如果选型不合适，将缩短闸门的使用寿命。其次，主梁是闸门的主要承重件，闸门在设计时应充分考虑主梁的数目与布置位置。因此，主梁是闸门主要的承重件。主梁设计时数量和布局位置不合理会导致主梁受力超出其承受能力造成破损裂缝。闸门制造的钢材不符合《水利水电工程钢闸门设计规范》（SL 74—2019）中规定的钢材会导致闸门强度不足，造成变形、产生裂缝。另外，闸门在制造时焊接工艺不良、防腐质量差，会导致梁系之间焊缝出现裂缝、锈蚀情况。

2）不合理的控制运用

一方面，闸门在启闭时应充分检查，确保设备处于良好状态，如果闸门发生卡阻未得到及时有效的处理而强行启闭，将导致闸门受力不均，造成扭曲、开裂。另一方面，闸门在上、下游水位差较大的工况下运作会增加闸门所受剪力，造成闸门偏离垂直中心线，造成闸门梁系结构从焊缝开裂。加上部分寒冷地区闸门受到低温冰冻静应力影响，使焊缝附近热影响区的基本金属组织发生变化，这种变化往往引起较大的焊接应力和降低机械性能，闸门梁系焊缝局部的表层出现应力集中现象而产生微裂缝。

3）检查养护缺失

闸门承重主梁裂缝往往都是从细小变化慢慢加重的，通常在主梁焊缝位置出现锈蚀、轻微裂缝，运行管理过程中忽视对闸门的检查养护。发生异常后如不及时处理，裂缝现象将加剧发展趋势，可能造成闸门整个变形、破裂，造成无法挽回的后果，因此闸门结构出现异常后必须及时进行处理。

3. 造成后果

闸门承重件裂缝将导致闸门主体发生变形，闸门将无法启闭，如果此时强行启闭，将对闸门本身、埋件、启闭机等造成一定程度的损坏。

4. 规范要求

《水利水电工程钢闸门设计规范》(SL 74—2019) 的相关要求如下:

(1)闸门不得承受冰的静压力。防止冰静压力的方法,应根据气温及库水位变化等条件,因地制宜地选用压力水射流法、压力空气吹泡法、门叶电热法、冰盖开槽法、冰盖保温板法或其他方法,使闸门与冰层隔开。需要在冰冻期间操作的闸门,除其止水宜严密外,应采取保温或加热等措施,使闸门与门槽不至于冻结。

(2)闸门承载结构的钢材应保证抗拉强度、屈服强度、伸长率和硫、磷含量符合要求,对焊接结构尚应保证碳的含量符合要求。

主要受力结构和弯曲成形部分钢材应具有冷弯试验的合格保证。

承受动载的焊接结构钢材应具有相应计算温度冲击试验的合格保证。

承受动载的非焊接结构,必要时,其钢材也应具有冲击试验的合格保证。

5. 整改措施

针对大坝不同类型闸门主要承重件裂缝处理措施主要有以下几种:

(1)优化闸门设计制造。首先,在闸门选型时,如果是泄水系统工作闸门,宜选用弧形闸门,水头较低时可选用平面闸门,高水头小孔口也可采取其他形式的门(阀)。当选用弧形闸门时,应根据具体情况采取合适的止水形式;当选用平面闸门时,应采取合适的门槽形式。其次,闸门主梁的数目主要取决于闸门的尺寸和水头的大小。平面闸门按主梁的数目可分为双主梁式和多主梁式。建议当闸门的跨高比 $L/H \geqslant 1.2$ 时,采用双主梁式;而当闸门的跨高比 $L/H \leqslant 1.0$ 时,采用多主梁式。在大跨度的露顶式闸门中常采用双主梁式。另外,闸门承载结构的钢材应保证抗拉强度、屈服强度、伸长率和硫、磷含量符合要求,对焊接结构尚应保证碳的含量符合要求。

(2)优化调度运行。首先,闸门承重部件裂缝与闸门不合规范的启闭有重要关系。在启闭前要及时检查门槽、钢丝绳、螺杆、启闭机等设施,及时处理闸门卡阻问题,保证处于良好运行工况。其次,避免闸门在水头较大的工况下小开度运行,可降低一定程度上闸门振动对闸门结构的影响。因此,科学的调度是闸门承重件使用寿命的重要措施之一。另外,在寒冷区域要加强对闸门的防冰冻处理,避免冰的静应力对闸门结构产生影响。

(3)强化检查养护。运行管理单位应在汛前汛后做好全面检查,及时处理闸门卡阻问题,清理闸底杂物。做好日常、定期检查,重点关注闸门承重件、止水橡皮、止水埋件等情况,查看止水橡皮有无磨损、老化或局部破坏,闸门门体有无变形、损坏,止水埋件表面锈蚀情况,及时处理闸门异常现象,如闸门达到报废更换标准,应及时报废更换,避免一些不良因素对闸门结构产生进一步的破坏,带来水库运行安全隐患,造成无法挽回的损失。

典型问题 42 闸门漏水

1. 问题现象

(1)某水库未按要求进行维护,放水闸门漏水,如图 7-7 所示。

(2)某水库溢洪闸门底部、两侧止水漏水,如图 7-8 所示。

(3)某水库放水涵洞闸门关闭后漏水,如图 7-9 所示。

图 7-7

图 7-8

(4)某水库1、2号泄洪冲砂闸闸门漏水,如图7-10所示。

2. 原因分析

小型水库的放水通常由闸门控制,在工程实践中,受到多种因素的影响,小型水库水闸容易出现渗漏问题,其受到设计、施工、运行工况、维护保养等因素的影响。

1)设计方面原因

止水橡皮是闸门防止漏水的关键,止水橡皮的止水座板应有足够的强度、刚度,保证在水压作用下,止水橡皮达到设计的压缩量。如果安装止水橡皮的止水座板的强度和刚度偏小,在上、下游静水压力作用下发生过大变形,致使止水橡皮与止水板密封不严或达不到设计的压缩余量,闸门也会漏水。闸门重量不够,滑轮轨道粗糙,闭门力偏小,闸门靠自重落不到底,产生底部漏水。止水材料选择不当,止水形式不好,结构不合理也会造成闸门漏水。

图 7-9

图 7-10

2)施工方面原因

(1)土建工程混凝土施工时,未控制好门槽、侧轨之间的距离造成闸门倾斜,止水失偏产生漏水;如果侧轨不垂直,闸门将无法关严密,产生底部漏水;门槽宽度过大,止水橡皮与止水板和门楣的压缩量不够,顶、侧止水漏水;宽度过小、主轨不垂直,闸门无法落到底,产生底部漏水。与底止水配合的底槛、侧止水配合的止水板以及与顶止水配合的门楣,在土建工程施工中偏离设计位置或表面高低不平,均使止水有松有紧,引发漏水。

(2)闸门制作。闸门制作时,钢闸门变形、主侧滚轮安装位置等偏差,将造成闸门安装后倾斜或落不到底产生漏水。止水橡皮安装在止水座板上的位置、止水橡皮上螺栓孔的位置产生偏差,安装后达不到设计的压缩余量。压缩余量偏大则容易使头部翻转或变形,增大摩擦力和启闭力,且造成止水损坏;压缩余量过小,在上、下游静水压力作用下易产生漏水或射水。

(3)闸门启闭机安装。闸门启闭机安装时,启闭机安装中心偏离闸孔中心线,双吊点启闭机两吊点之间高程差较大,闸门在门槽内偏移、倾斜,影响止水效果。启闭机安装中心偏离门槽中心线,特别是向上游面倾斜时,启闭闸门时,顶止水与胸墙摩擦,扭曲变形,造成顶止水漏水。

3)运行工况方面原因

(1)工况环境,门体、轨道和门槽因长期浸泡水下,止水埋件容易出现锈蚀问题,加上长时间的工程运作,止水埋件也容易出现磨损问题,闸门橡皮与止水埋件间容易出现缝隙问题,造成闸门漏水。

(2)闸门在启闭过程中,止水橡皮与止水板之间摩擦、磨损,使闸门止水橡皮与止水埋件的接触逐渐松弛,达不到预定的压缩余量后发生漏水。其中,止水埋件长期处于水或潮湿环境中,锈蚀后导致其表面粗糙不平;止水橡皮布置在上游侧,顶止水与胸墙之间为干摩擦时,会加剧止水橡皮的磨损,缩短止水橡皮的使用寿命。如果闸门吊点偏离闸门重心或双吊点高程不一致,启闭时均会导致闸门卡阻,难以开启,损坏止水或闭合不严,导致闸门漏水。

4)维修保养方面原因

运行管理过程中忽视闸门漏水的处理。闸门漏水后如不及时处理,漏水现象将加剧发展,可能产生振动致使闸门整体结构遭到破坏,甚至损害水工建筑物,造成无法挽回的后果,因此闸门漏水后必须及时进行处理。

3.造成后果

如果水库放水闸门漏水,会产生以下危害:

(1)损失蓄水量。闸门漏水将导致水库水资源的损失进而造成经济损失。

(2)引起振动,危害闸门及埋件。在上游静水压力作用下,促使闸门产生自激振动。闸门漏水还会引起闸门共振,振幅剧增,振动强烈,在门叶结构内出现不平常的应力和应变,引起闸门金属构件疲劳、变形、焊缝开裂、紧固件松动,止水损坏,以致使闸门整体结构遭到破坏,情况严重时,还将引起门槽损坏。

(3)影响下游防洪安全。闸门漏水产生的自激振动,造成闸门门体变形、钢丝绳松紧不均吊点偏心,引起闸门卡阻,导致闸门无法正常开启,影响防洪安全。

4.规范要求

《水工钢闸门和启闭机安全运行规程》(SL/T 722—2020)相关要求如下所述。

闸门操作应符合下列规定:

(1)闸门运行改变方向时,应先停止,然后再反方向运行。

(2)不具备无人值守条件的,操作闸门时应有人巡视和监护。

(3)闸门启闭发生卡阻、倾斜、停滞、异常响声等情况时,应立即停机,并检查处理。

(4)闸门操作应满足其调度运行要求,闸门不得停留在异常振动或水流紊乱的位置。

(5)闸门启闭后应核对开启高度,按照要求完成工作。

(6)闸门操作应有专门记录,并归档保存。

日常检查项目应主要包括下列内容:

(1)闸门迎水面应无附着物,闸门背水面梁格、顶部及弧门。支臂上应无积水、淤泥、杂草、锈皮等污物。带滚轮的闸门应检查滚轮及其附近区域应无污物,滚轮运转应正常。

(2)需要润滑的转动轴、转动铰等部件润滑应良好。

(3)闸门或拦污栅启闭过程中应无卡阻、跳动、异常振动和响声。

(4)闸门在关闭状态时的漏水情况应符合《水利水电工程钢闸门制造、安装及验收规范》(GB/T 14173—2008)的规定。

(5)门槽或栅槽附近的安全走道、扶手栏杆、爬梯、盖板应完善和牢固。

(6)闸门或拦污栅迎水面应无异物撞击引起的变形或栅体断裂。

(7)闸门或拦污栅上的连接螺栓应无松动、变形、损伤或脱落。

(8)闸门止水采用柔性止水的,止水橡皮应无磨损、老化、龟裂、变形、破损等缺陷,止水垫板、压板、挡板等构件应无损坏,连接螺栓应无松动、变形、损伤或脱落。采用刚性止水的,结合闸门漏水状况检查止水面应无磨损、破损等缺陷。

(9)锁定装置应无变形、损伤或脱落。

(10)露顶式闸门闸孔内侧止水橡皮的淋水装置应正常。

5. 整改措施

针对闸门不同类型漏水的处理措施主要有以下几种:

(1)优化工程设计。进行工程设计时,优先选用止水效果好的正向止水结构形式。闸门门体需具有足够的强度、刚度,门叶重量不足时,增加铸铁配重。根据闸门设计要求确定门槽深度和宽度,门槽内预埋耐腐蚀的钢质滑道,有条件的情况下,可对埋件进行防腐喷锌处理或选择不锈钢埋件。优化止水橡皮选型,在淡水条件下,水质污染不严重时,止水橡皮材质可选择由天然橡胶分段塑炼的普通止水材料;在海水条件下或水质污染严重情况下,可选用增加低摩阻、高耐磨的增强聚四氟乙烯薄膜于工作面的橡塑复合止水。在高水头泄水闸门振动、空蚀严重,门槽边界流态复杂或体形特殊时,应通过水工模型试验解决可能发生的振动、空蚀问题,优化闸门设计。

(2)保证施工质量。混凝土施工中,左右两门槽之间距离、门槽宽度等关键尺寸必须符合设计尺寸,保证闸门启闭正常。严格控制胸墙表面的平面度和粗糙度,避免闸门起落过程中造成止水橡皮球头翻转、撕裂和磨损过大等问题。闸门强度、刚性等符合设计要求,严格控制主副滚轮的安装位置,保障闸门起落无卡阻。启闭机安装须保证闸门启闭时不偏离闸孔中心线和门槽中心线,不发生左右倾斜而卡阻和向上游倾斜而加大止水橡皮球头的摩擦。

(3)优化调度运行。闸门止水的磨损与闸门的启闭次数成正比,频繁地启闭闸门会造成止水的严重磨损,止水使用寿命显著缩短。因此,科学的调度以及尽量减少启闭次数是延长止水使用寿命的重要措施之一。启闭过程中,闸门启闭发生卡阻、倾斜、停滞、异常响声等情况时,应立即停机,并检查处理。关闭闸门前,止水周围的油污、杂物应及时清除,以防卡在止水橡皮与止水座之间引起止水橡皮扭曲变形或撕裂。

(4)强化维修保养。运行管理单位应在汛前做好启闭试验,及时处理闸门卡阻问题,清理闸底杂物。定期检查闸门止水橡皮、闸门、止水埋件等情况,看止水橡皮有无磨损、老化或局部破坏,闸门门体有无变形、损坏,止水埋件表面锈蚀情况,止水橡皮与止水压板是否密合接触,固定用的螺栓、螺母有无松动,止水橡皮的预压缩量是否符合设计要求。止水橡皮老化失去弹性、翘曲变形或产生撕裂的,应及时更换。为预防止水橡皮老化,可在橡胶表面涂防老化材料,避免烈日暴晒。当发现因橡胶磨损造成间隙过大而漏水时,应及时调整间隙。如加垫橡胶片无法保证止水橡皮的预压缩量则须更换新止水橡皮。

典型问题43 钢丝绳锈蚀、断丝

1. 问题现象

(1)某工程维修养护不到位,如启闭机房内灰尘大,设备铭牌被油污遮住,润滑油油杯内基本无润滑油,钢丝绳养护不到位等,如图7-11所示。

图7-11

(2)某工程钢丝绳未养护,锈蚀严重,如图7-12所示。

图7-12

(3)某工程卷扬式启闭机卷筒、齿轮、钢丝绳锈蚀,如图 7-13 所示。

图 7-13

(4)某工程启闭机钢丝绳长期未上油保养,锈蚀严重,如图 7-14 所示。

图 7-14

2. 原因分析

小型水库中放水闸门广泛使用卷扬式启闭机,钢丝绳是连接启闭机和闸门的关键设施。启闭机钢丝绳锈蚀、断丝的原因通常是使用环境差和使用频率高、油脂选型错误、缺少检查养护等。

(1)使用环境差。小型水库的闸门和启闭设施多数为卷扬式启闭机,钢丝绳是启闭机连接闸门的重要部件,由于钢丝绳工作环境的特殊性,钢丝绳长期暴露在室外受到湿气、尘土、有害物质侵蚀,表面防腐油脂干缩、剥离、脱落,最终钢丝上产生黑皮麻坑形成沟纹，在水质和内部污染严重的干湿交替部位尤为显著。含有酸性或碱性物质的水流和气流，直接冲刷掉钢丝绳表面的油脂，造成绳芯腐烂、钢丝绳锈蚀。

(2)使用频率高。闸门的频繁启闭是水库运行不可避免的作业工况。由于闸门在启闭过程中受力使钢丝绳股与股、丝与丝之间磨损挤压，使钢丝绳挤压磨损造成镀锌层破坏，最终造成钢丝绳锈蚀，钢丝强度和韧性下降，导致断丝。另外，如果钢丝绳在卷筒上发生脱轨，也会使钢丝绳受力发生改变，造成挤压磨损，甚至断裂。

(3)油脂选型错误。钢丝绳生锈是因为钢丝绳与空气里的氧发生化学反应，生成氧化亚铁或氧化铁，钢丝绳生锈与油脂的抗氧化性有关。油脂在高温时抵抗氧化性气氛腐蚀作用的能力称为油脂的抗氧化性。油脂受到光、热、空气中氧的作用发生酸败反应分解出醛、酸、醇之类的化合物，丙二醛含量越高，油脂被氧化程度越大，即抗氧化性越差。此外，钢丝绳润滑脂应有一定的油膜强度，足够的油膜强度可以将空气中的氧气、水分与钢丝基体隔开，对钢丝有保护作用，可以起到防锈、抗氧化作用。

(4)缺少检查养护。闸门钢丝绳应当按照规范检查养护，在长期运行过程中，运行管理单位对钢丝绳保养维护和检查不到位，未按要求对钢丝绳清洁抹油，导致钢丝绳发生锈蚀断裂和磨损断裂，大大降低了钢丝绳的承载能力。

3. 造成后果

如果闸门钢丝绳发生锈蚀、断丝，将会产生以下危害：

(1)闸门无法启闭。小型水库的功能多为调蓄、灌溉，闸门钢丝绳一旦锈蚀、断丝，严重的将导致钢丝绳强度达不到要求，造成闸门无法启闭，这将对水库的控制运用造成影响，甚至导致水库无法放水，不仅失去工程效益还带来防洪风险。

(2)损坏闸门及启闭设施。如果在启闭过程中钢丝绳因锈蚀、断丝导致断裂，将导致闸门无法受到钢丝绳和启闭机的牵制，闸门将飞车坠入门槽，对闸门本身、埋件、启闭机等造成一定的损坏。

(3)发生安全事故。钢丝绳使用中在闸门的重力下张紧，其自身有一定的应力，如果钢丝绳出现锈蚀、断丝，在启闭过程中发生断裂，钢丝绳的应力将被释放，会对周围环境中的人产生威胁、对设施造成破坏，从而导致严重的安全事故。

4. 规范要求

《起重机　钢丝绳　保养、维护、检验和报废》(GB/T 5972—2023)要求如下：

(1)钢丝绳的维护。应根据起重机的类型、使用频率、环境条件和钢丝绳的类型对钢丝绳进行维护。在钢丝绳寿命期内，在出现干燥或腐蚀迹象前，应按照主管人员的要求，定期为钢丝绳润滑，尤其是经过滑轮和进出卷筒的区段以及与平衡滑轮同步运动的区段。有时为了提高润滑效果，可在润滑前将钢丝绳清理干净。

钢丝绳的润滑材料应与钢丝绳制造商提供的初期润滑材料兼容，还应具有渗透性。

钢丝绳缺乏维护会导致使用寿命缩短，尤其是起重机或起重葫芦用于腐蚀环境，或者不能对钢丝绳进行润滑时。在这些情况下，钢丝绳的检验周期应适当缩短。

(2)通则。钢丝绳失去正常形状而产生的可见形状畸变都属于畸形。畸形通常发生在局部，会导致畸形区域的钢丝绳内部应力分布不均匀。

畸形和损伤会以多种方式表现出来，只要钢丝绳的自身状态被认为是危险的，就应立即报废。

5. 整改措施

针对不同原因造成的钢丝绳锈蚀、断丝等处理措施主要有以下几种：

(1)改善钢丝绳工作环境。尽量避免卷扬式启闭机处于露天环境，可以建造启闭机房，隔绝风沙、紫外线、水蒸气等因素对钢丝绳的影响。另外，可以给钢丝绳卷筒增设保护罩，提供双重保护。

(2)优化钢丝绳润滑脂的选型。选择滴点大于 80 ℃、抗氧化性好、黏附性优的油脂。在钢丝绳用油油品性能选取方面，应选择抗氧化性好、黏附性优的油脂，保证钢丝绳表面油脂具有一定的油膜强度。油脂抗氧化性在 95～110 ℃的淋油工艺条件下，油脂的黏度值不得低于 1 000 cP。滴点在 80 ℃以下的油脂，随着工作温度的升高，黏度值下降速度比较明显；滴点在 80 ℃以上的油脂，黏度值基本不随工作温度发生变化，依然有较好的黏附性。

(3)强化检查保养。运行管理单位应加强对钢丝绳的日常检查、定期检查和定期养护。在启闭前要及时处理闸门卡阻问题，防止因闸门卡阻造成钢丝绳的断裂。至少应在特定的日期对预期的钢丝绳工作区段进行目测检查，目的是发现一般的劣化现象或机械损伤，钢丝绳在卷筒和滑轮上的正确位置也应检查确认，确保钢丝绳没有脱离正常的工作位置。结合上述润滑油脂的选型，选择合适的油脂并定期对启闭机钢丝绳采用涂刷润滑脂的方法进行养护。对照《起重机　钢丝绳　保养、维护、检验和报废》(GB/T 5972—2023)中的要求，如发现钢丝绳达到了报废标准，应立即报废并更换新的钢丝绳。

典型问题 44　配电设备及备用电源故障

1. 问题现象

(1)某电站厂房内配电柜私拉乱接，如图 7-15 所示。

图 7-15

(2)某水库泄洪建筑物不能正常运行,闸门启闭机未通电,闸门无法启闭,如图 7-16 所示。

图 7-16

(3)某工程未配备备用电源,如图 7-17 所示。

图 7-17

2. 原因分析

小型水库工程运行管理过程中配电设备及备用电源故障,或配电设备缺失问题的原因主要是设计制造、运行管理两方面。年代较为久远的小型水库设计建造时未考虑水利工程的运行发展要求,从长远角度未考虑水利工程配电设施及备用电源的设计;另外,运行管理方面的因素具体表现为控制运用不规范、维修养护缺失等。

1) 设计建造原因

我国的小型水库建造起步较早,发展进程时空分布不均,部分小型水库设计建造年份较早,在新中国成立初期,社会经济发展较为落后,很多小型水库设计建造时多考虑人力、人工运行,致使许多小型水库的放水设施(如放水闸门)的启闭还是人力操作,没有配电接入,更没有备用电源的配置,加之后续对小型水库的运行管理忽视,运行管护、更新改造都存在滞后,造成小型水库的配电问题成为当前的重要问题,也是小型水库运行管理中的重大安全隐患。

2) 运行管理方面的原因

小型水库的配电问题很重要的原因在运行管理方面,具体表现为控制运用不规范、维修养护缺失等。

(1)控制运用不规范。尤其是乡镇管理的中小型水库工程长期粗放式管理,缺少细致、完善的制度体系。未制定小水库技术管理实施细则、控制运行计划、度汛方案等或未经审批,部分小水库制定的维修养护、巡视检查等管理制度内容不全面、深度不够,缺乏针对性和可操作性。由于制度不够完善,在运行管理环节上突出表现为小型水库运行管理普遍不够规范,在维护管理或者其他操作的过程中工作人员的不当处理导致配电线路受到了干扰或者遭到了破坏,对配电网络直接造成了影响,由此引发了各种故障。

(2)维修养护缺失。首先是管理人员紧缺,专业技术力量不足。在水管单位直接运行管理的小型水库工程中,由于配套经费及编制数目的制约,一线管理人员较少,部分小型水库工程采用"1+1"的"编内+编外"人员管理模式。小型水库工程一线管理队伍人员结构不合理、年龄普遍偏大、文化程度较低,所掌握的水利、机电等专业知识有限。在日常工作中,现场管理人员往往只能依靠经验完成基本的操作运行和简单的维护工作,很难从中总结形成相关技术成果,当设施设备发生较复杂故障时可能无从着手。目前,大部分小型水库工程均引入了电气化控制设备,由于缺乏专业培训,一线管理人员在操作运行中存在不熟练、不规范的问题,容易造成配电设施故障。其次是维修养护资金缺失。众所周知,小型水库在经历长时间运行后会出现多种硬件老化问题,如坝体渗漏、混凝土裂缝增大、配电系统失效、金属结构变形和设备损坏等,为保证小型水库的正常高效运行,要按照"经常养护,及时维修,养修并重"的原则,需要持续注入维护资金对小型水库进行规范化维修和养护,而部分地区工程维修养护经费来源没有固定渠道,难以足额到位,有限的财政经费大多陷于"有钱养人、没钱办事"的局面,导致许多小规模水利工程维修养护不到位,出现故障的配电设备设施得不到及时的维修养护,久而久之导致配电设备设施不能正常运转,最终影响小型水库的运行功效。

3. 造成后果

如果小型水库配电设施及备用电源故障,会产生以下危害:

(1)放水设施无法启闭。小型水库的功能多为调蓄、灌溉,如果因配电设施及备用电源故障导致放水设施无法启闭,将对水库的控制运用造成影响,甚至导致水库无法放水,不仅失去工程效益还会增加防洪风险。

(2)造成安全隐患。如果配电系统发生故障,易出现触电或火灾等事故,给人身、财产带来了一定危害。配电设备故障中漏电故障较为常见,一旦在操作运行中发生漏电,极易发生触电风险。如短路等配电故障未能及时有效处理,也会引发火灾。

4.规范要求

1)《水工钢闸门和启闭机安全运行规程》(SL/T 722—2020)

电气设备、应急装置及操作控制系统的评级项目应符合下列规定:

(1)启闭机应有可靠的供电电源、备用电源。

(2)启闭机应急装置应正常完好,随时可以投入使用。

(3)电气线路应布置规范整齐,连接牢靠。线路不得有破损、受潮、老化,绝缘电阻值应符合规定。

(4)各种电气设备、正常不带电的金属外壳、金属线管等应接地可靠,接地电阻应符合要求。

(5)配电柜、电气控制柜、集控操作台的显示屏、显示按钮、指示灯应正常完好。柜体内线路接头、元器件插接应无松动、烧灼粘连等现象。

(6)仪器、仪表、电气元件、信号及指示装置应齐全完好,设定值应准确,并按照相关标准规定进行定期校验。

(7)电器触头应表面光滑,动静触头应接触良好,触头分合应迅速可靠,无缓慢游滑或停顿现象。

2)《水利水电工程启闭机设计规范》(SL 41—2018)

有泄洪要求的闸门启闭机应由双重电源供电,对重要的泄洪闸门启闭机还应设置能自动快速启动的柴油发电机组或其他应急电源。

5.整改措施

对于小型水库的配电设施及备用电源故障处理主要有两个方面:一方面是更新改造,另一方面是优化运行管护等。

1)更新改造

对于一些设计建造年份较早的小型水库,想要解决配电问题就是纳入更新改造计划,对缺少配电、备用电源或配电系统失效的工程按照最新的规程规范进行更新改造,保证工程用电安全。对于病险小型水库应尽快开展除险加固、降等报废等工作。

2)优化运行管护

(1)落实维修养护经费。资金是工作的基本保证,部分小水库维修养护经费不足,导致维修养护工作不到位。建议地方水行政主管部门应统筹协调,设立专项经费,保证小型水库安全管理工作的顺利开展。同时,要制定相关的经费管理办法,严格管控,避免经费被挪用或违规使用。建立完善病险小水库处置退出机制,集约利用管护经费。

(2)完善制度体系、规范控制运用。管理单位需制定小水库技术管理实施细则、控制运行计划、度汛方案等,制定全面完善的维修养护、巡视检查等管理制度。

(3)加强人员培训,提升管理水平。小型水库管理单位要重视对一线运行管理人员的教育培训,一线运行管理人员要全面掌握基础的用电规范和安全知识,针对性地学习掌握配电设备的操作运行手册、相应的管理制度等,从根本上减少因操作不规范带来的配电系统故障。管理单位还需要建立小型水库管理人员分级业务培训体系,按照分级负责的原则,针对小型水库的特点,开展全方位、多层次的业务培训,使培训工作制度化、常态化,提高管理人员业务素质和管理水平。

典型问题 45 绝缘、接地和避雷等设施不符合要求

1. 问题现象

（1）某水库建筑物防雷接地连接到工作护栏上，且接地带断损未导入大地，如图 7-18 所示。

图 7-18

（2）某水库启闭机室接地带未连接接地体，如图 7-19、图 7-20 所示。

图 7-19

（3）某工程配电柜无接地装置，备用发电机输电开关线路老化，如图 7-21、图 7-22 所示。

（4）某工程防雷接地扁铁严重锈蚀，电缆与扁铁绑扎在一起不规范，配电柜无接地；无防雷接地系统，闸门动力柜接地不规范等，如图 7-23～图 7-26 所示。

图 7-20

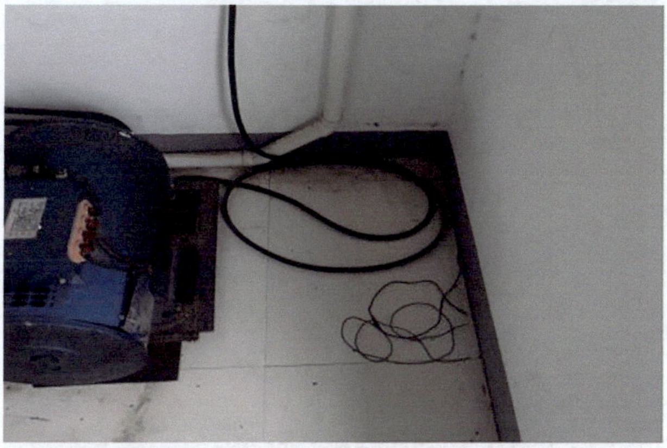

图 7-21

图 7-22

(5)某工程配电设施无防雷接地,如图 7-27 所示。

图 7-23

图 7-24

2. 原因分析

小型水库工程运行管理过程中绝缘、接地和避雷等设施不符合要求的原因主要是工程施工不规范、运行管理两方面。例如,工程施工时未按规范设置绝缘、接地和避雷等设施,另外,运行管理方面的因素具体表现为控制运用不规范、维修养护缺失等。

1) 工程施工原因

施工单位对水库工程防雷接地系统以及配电柜的绝缘接地等施工重视程度不够,导致在实际施工过程中经常出现一些问题,例如接闪带变形,没有预留引下线的外接线,接闪网网格尺寸不符合工程规定;连接引下线、接闪带以及均压环的长度不符合工程规定,焊接质量不满足设计要求;接地体的埋地深度不够,引出线未按规定做好防腐处理;工程表面的金属构件没有可靠地焊接在接地装置上;螺栓连接处的连接片未经过加工处理或

图 7-25

图 7-26

者加工处理不到位;设备接地线安装不合理,存在相互串联的情况,使得工程防雷接地的施工质量水平受到了极大的影响。

2)运行管理方面原因

小型水库的绝缘、接地和避雷等设施不符合要求,除工程施工阶段的因素外,很重要的原因是工程后续运行管理方面,具体表现为缺少电气预防性试验、巡查检查不到位、维修养护缺失等。

(1)缺少电气预防性试验。水库管理过程中缺少对配电设施、启闭设施的电气预防

图 7-27

性试验以及建筑物的防雷检测。

（2）巡查检查不到位。许多乡镇管理的中小型水库工程长期粗放式管理，缺少细致、完善的巡查检查制度。小型水库一线运管人员应当定期检查水库设施设备绝缘、防雷接地设施。日常管理中忽视检查甚至从未有过巡查检查，导致水库金属结构及机电设备的绝缘接地、防雷接地系统的故障从老化、锈蚀开始，久而久之就给整个工程埋下了安全隐患。

（3）维修养护缺失。部分小型水库管理单位没有制定相应的维修养护制度，没有针对小型水库的维修养护计划。加上小型水库工程通常实行管养分离，现实中经常出现一个人管理多个小型水库，且一线管理人员年龄普遍偏大、文化程度较低，所掌握的水利、机电等专业知识有限。在日常工作中，现场管理人员往往只能局限于依靠经验完成基本的操作运行和简单的维护工作，加上维修养护资金缺失，久而久之导致配电设备设施不能正常工作，设备绝缘、防雷接地设施失效。

3. 造成后果

如果小型水库绝缘、接地和避雷等设施不符合要求，会产生以下危害：

（1）雷击伤害。小型水库工程如果防雷设施失效将带来雷击伤害。包括损坏配电系统，造成配电保护、配电柜仪器仪表的损坏，进一步影响水库工程效益。

（2）安全隐患。如果设备绝缘、防雷设施异常，易出现触电事故，给人身、财产带来了一定危害。配电设备故障中漏电故障较为常见，一旦绝缘保护失效，在操作运行中发生漏电，极易发生触电风险，不仅会造成人身安全事故，也会造成设备短路大面积停电。

4. 规范要求

1）《水工钢闸门和启闭机安全运行规程》（SL/T 722—2020）

电气设备、应急装置及操作控制系统的评级项目应符合下列规定：

（1）启闭机应有可靠的供电电源、备用电源。

(2)启闭机应急装置应正常完好,随时可以投入使用。

(3)电气线路应布置规范整齐,连接牢靠。线路不得有破损、受潮、老化,绝缘电阻值应符合规定。

(4)各种电气设备、正常不带电的金属外壳、金属线管等应接地可靠,接地电阻应符合要求。

(5)配电柜、电气控制柜、集控操作台的显示屏、显示按钮、指示灯应正常完好。柜体内线路接头、元器件插接应无松动、烧灼粘连等现象。

(6)仪器、仪表、电气元件、信号及指示装置应齐全完好,设定值应准确,并按照相关标准规定进行定期校验。

(7)电器触头应表面光滑,动静触头应接触良好,触头分合应迅速可靠,无缓慢游滑或停顿现象。

2)《水利水电工程启闭机设计规范》(SL 41—2018)

(1)启闭机应设置下列电气保护:短路保护、过流保护、失压保护、过载保护、限位保护、接地保护、防雷保护等。

(2)安装在户外且相对周围地面处在较高位置的启闭机应采取防雷措施。

(3)启闭机本体的金属结构和启闭机所有电气设备的金属外壳、金属导线管、金属支架及金属线槽等均应可靠接地。

(4)移动式启闭机运行轨道应可靠接地,司机室与门架结构用螺栓连接时,应采用双接地线连接。

5. 整改措施

对于绝缘、接地和避雷等设施不符合要求的处理主要有两个方面,一方面是更新改造,另一方面是优化运行管护等。

1)更新改造

对于一些设计建造存在防雷及绝缘缺陷的小型水库应及时纳入更新改造计划,对缺少绝缘设施、防雷接地设施或失效的工程按照最新的规程规范进行更新改造,保证工程安全。对于病险小型水库尽快开展安全鉴定、除险加固、降等报废等工作。

2)优化运行管护

(1)定期开展电气预防性试验。水库管理单位应当在每年汛前、汛后组织开展机电设备电气预防性试验和建筑物防雷检测,及时发现问题,尽早处置。

(2)制定并落实巡查检查制度。管理单位需制定小型水库技术管理实施细则、控制运行计划、度汛方案等,制定全面完善的维修养护、巡视检查等管理制度。日常检查、定期检查的内容包括是否存在配电柜接地缺失、断裂;建筑物防雷接地设施是否出现了锈蚀、断裂的情况,是否有线路的连接位置没有进行过防锈处理等。

(3)强化小型水库维修养护。完善并落实维修养护制度,按年度维修养护计划进行。保障维修养护经费,建议地方水行政主管部门统筹协调,设立专项经费,保证小型水库安全管理工作的顺利开展。同时,要制定相关的经费管理办法,严格管控,避免经费被挪用或违规使用。

7.2 安全监测设备

典型问题 46 未按要求设置必要的安全监测设备设施

1. 问题现象

（1）某水库未按要求设置必要的安全监测设备设施，位移观测点、测压管缺失，如图 7-28 所示。

图 7-28

（2）某水库未按要求设置必要的安全监测设施，缺少观测点、测压管，如图 7-29 所示。

图 7-29

2. 原因分析

1）设计建造缺失

部分小型水库设计标准低、建设质量差。小型水库是水利工程和防汛体系的重要组成部分，在防汛、抗旱、供水等方面发挥了重大作用。但大多小型水库修建于 20 世纪 50—70 年代，部分水库甚至根本没有设计由群众直接修建，缺乏科学的设计，不满足最新的规范要求，导致许多小型水库缺失安全监测设施。加之受当时技术水平、经济水平、材料设备等条件的限制，工程设计的标准比较低，管理机制落后，导致安全监测设施问题一直延续。

2）管理不严格

水库管理不严格，技术手段落后，技术支撑不力，水库大坝变形、渗流观测、水雨情监测预报等监测设施设备老化、损坏，专业化的监测设备缺乏，安全监测设施设备不全、监测能力不足，基本上不具备监测条件。水库运行管理人员在日常巡查时只满足于采用简单的用眼看、用手摸的传统检测办法，无法满足规范化和科学管理的需要，因此也未考虑专业的安全监测设施的应用。

3. 造成后果

未按要求设置必要的安全监测设施将不能及时掌握坝体危害性裂缝、沉降、滑坡等病险情及安全隐患。大坝无坝体及坝基渗流压力监测设施，不能监测散浸、渗水、流土、管涌等病险情及安全隐患。

4. 规范要求

1）《水库大坝安全管理条例》

第十九条 大坝管理单位必须按照有关技术标准，对大坝进行安全监测和检查；对监测资料应当及时整理分析，随时掌握大坝运行状况。发现异常现象和不安全因素时，大坝管理单位应当立即报告大坝主管部门，及时采取措施。

2）《水利水电工程安全监测设计规范》（SL 725—2016）

附录A中对1~5级混凝土坝、土石坝安全监测项目做了具体要求，其中变形监测、渗流监测都是必设项目。

3）《水利水电工程安全监测系统运行管理规范》（SL/T 782—2019）

（1）应采取有效措施加强安全监测设施的防护，设置必要的安全警示标识，防止监测设施损坏和丢失。应保持安全监测设施及其环境整洁，并满足运行要求。

（2）应设置专门场地存放和保管监测设备、维护工具和劳保用品等，存放监测仪器的场地条件应满足仪器存放要求。

（3）监测系统管理单位应建立监测设施台账，并及时更新。

（4）应参照《大坝安全监测系统鉴定技术规范》（SL 766—2018）的规定，定期组织监测系统鉴定。鉴定为正常的，应继续运行；鉴定为基本正常的，可继续运行，且宜及时修复完善；不正常的，应及时更新改造。

（5）监测仪器或设施的更新、报废等均应记录并存档。

5. 整改措施

1）投入资金增设监测设备

对于未按要求设置必要安全监测设施的小型水库，水库管理单位应当提高对安全监测技术的重视，以推进先进监测技术的研发与应用，这不仅能够提升大坝的安全监测能力，还能为大坝的长效运行提供坚实的技术保障。根据实地情况，部署合适的水库安全监测管理系统，自动监测系统可实现大坝的水平位移和竖直位移毫米级精度的自动化监测，可有效解决水利设施表面位移监测成本高、周期长、难以推广普及等问题。

2)完善安全监测制度,提高管理意识

完善制度体系、提高安全监测意识。管理单位需制定小型水库安全监测制度、安全监测设施维护制度等。定期开展培训,加强相关监测人员对安全监测的意识,强化安全监测设施运用、管理。

典型问题 47 安全监测设备设施损坏、失效

1. 问题现象

(1)某水库安全监测设备设施损坏、失效,雨量监测设备上筑有鸟巢,如图 7-30 所示。

图 7-30

(2)某水库安全监测设备设施损坏、失效,如图 7-31 所示。

图 7-31

2. 功能作用

水库大坝是庞大的水利工程,承载着多种功能。随着时间的推移,大坝结构可能会受到自然环境、外部载荷和材料老化等多种因素的影响,导致其安全性和功能性逐渐下降。通过实施系统的安全监测,可以及时发现大坝在结构和功能方面存在的潜在问题,如裂缝、渗漏等,避免其进一步恶化,从而延长大坝的使用寿命。通过安全监测资料的分析,管

理人员可以科学、准确地对大坝状况进行判断，进而全面掌握大坝的运行状态，为采取针对性的修复和加固措施提供有力支撑。采取预防性修复措施，能提高其运行的安全性和可靠性，延长大坝的使用寿命，确保大坝在整个运行期间发挥最大效益。

3. 原因分析

1）监测设备不足或老化

监测设备不足或老化，导致无监测数据或监测数据不准确。具体原因有三个：

（1）投资不足。很多中小型水库由于投资有限，无法购买和维护先进的监测设备。设备长时间运行后，由于缺乏及时的维护和更新，往往会出现老化和损坏的现象。

（2）技术水平受限。一些水库由于技术水平有限，无法有效地利用和维护现有的监测设备，这可能导致设备出现故障时无法及时修复，或者无法正确解读和使用监测数据。

（3）管理不到位。一些水库的管理人员对监测设备的重要性认识不足，缺乏必要的管理和维护技能，这可能导致设备维护不当，或者导致监测数据不准确。

2）缺乏专业的运维管理团队

缺乏专业的运维管理团队，导致运维工作无法得到有效开展。

（1）资源限制。中小型水库通常面临着资金、人力等资源的不足，这限制了他们聘请专业运维管理团队的能力，也无法投入足够的资源来提升现有团队的技能水平。

（2）管理重视不足。在某些情况下，管理层可能对水库安全监测运维管理的重要性认识不够，没有给予足够的重视，导致在人力、物力等方面的投入不足。

（3）技术更新滞后。随着科技的发展，水库安全监测运维管理需要不断更新技术和设备。然而，中小型水库的资源限制和管理层对技术的理解不足，可能导致技术更新滞后，无法满足现代安全监测的需求。

（4）专业培训缺失。由于缺乏专业的运维管理团队，中小型水库的员工可能没有得到足够的培训，无法掌握现代安全监测运维管理的知识和技能。

3）管理机制不完善

管理机制不完善，导致责任不明确，管理效率低下。

（1）责任不明确。在许多情况下，中小型水库的管理责任不够明确，没有明确的责任人负责安全管理工作，这会导致在安全监测运维管理等方面出现疏漏和错误，难以及时发现和解决问题。

（2）制度不完善。在某些情况下，中小型水库可能缺乏完善的安全监测运维管理制度，或者已有的制度没有得到有效执行，导致运维工作无法得到有效开展。

（3）管理效率低下。由于管理机制不完善，中小型水库的管理往往缺乏有效的监督和考核机制，导致管理效率低下。

4. 规范要求

1）《土石坝安全监测技术规范》（SL 551—2012）

（1）设置在现场的所有监测设备、设施，均应在其适当位置，明显标出其编号；应经常或定期进行检查、维护。如有破损，应及时修复。

（2）所有基点和监测点，均应有考证表和总体布置图。水平基点和水准基点应定期校测。表面基点和测点,都应有相应的保护罩。

(3)电传监测设备,应定期检查接线是否坚固、电触点是否灵敏、有无断线及漏电现象,防雷设施是否正常,接地电阻是否合格,电缆有无老化、损坏;对有问题的监测设备应及时修复改善,必要时更换新件。

2)《混凝土坝安全监测技术规范》(SL 601—2013)

(1)安全监测方式应包括现场检查和仪器监测。

(2)安全监测应遵循下列原则:

①监测布置应根据工程规模、等级,并结合工程实际及上、下游影响进行;相关监测项目应配合布置,突出重点,兼顾全面,并考虑与数值计算和模型试验的比较与验证。关键部位测点宜冗余设置。

②监测仪器设备应可靠、耐久、实用,技术性能指标满足规范及工程要求,力求先进和便于实现自动化监测。

③监测仪器安装应按设计要求。在减少对主体工程施工影响的前提下,及时安装、埋设和保护;主体工程施工过程中应为仪器设施安装、埋设和监测提供必要的时间和空间;及时做好监测仪器的初期测读,并填写考证表、绘制竣工图,存档备查。

④监测应满足规程规范和设计要求,相关监测项目应同步监测;发现测值异常时立即复测;做到监测资料连续,记录真实,注记齐全,整理分析及时。

⑤应定期对监测设施进行检查、维护和鉴定,监测设施不满足要求时应更新改造。测读仪表应定期检定或校准。

5.整改措施

对于小型水库安全监测设施损坏、失效处理主要有以下三个措施:

(1)投入资金更新监测设备,提高数据的准确性和可靠性。为了提高水库安全监测效果,水库管理单位应当提高对安全监测技术的重视,以推进先进监测技术的研发与应用,这不仅能够提升大坝的安全监测能力,还能为大坝的长效运行提供坚实的技术保障。根据实地情况,部署合适的水库安全监测管理系统、自动监测系统可实现大坝的水平位移和竖直位移毫米级精度的自动化监测,可有效解决水利设施表面位移监测成本高、周期长、难以推广普及等问题。

(2)完善管理机制。水库安全监测运维管理是确保水库安全运行的关键环节,涉及多个部门之间的协作与配合。通过完善管理机制明确职责分工,可以显著提高管理效率,确保水库的安全运行。一是完善其责任归属制度,明确中小型水库大坝安全管理与维护的责任归属问题,促进各相关单位各司其职,提高工作运行效率。二是完善队伍建设制度,提高管理团队的建设水平与整体素质。三是完善人员管理制度,提高管理人员的工作责任意识与管理维护水平。

(3)定期开展培训,以提高相关监测人员的专业能力。水库的安全监测管理主要委托第三方安全监测专业团队负责,虽然在技术方面得到有效保证,但大多通过招标投标或者询价委托等方式进行,会造成第三方运维团队不稳定,资料交接易遗漏。因此,建议成立运维专班,加强和现行第三方运维团队的交流,提高安全监测管理知识,掌握基本的安全监测运维技能。

7.3 标识标牌

典型问题 48 公示牌存在错误或虚假信息

1. 问题现象

（1）某水库公示牌设置在值班房内，设置位置不正确，如图 7-32 所示。

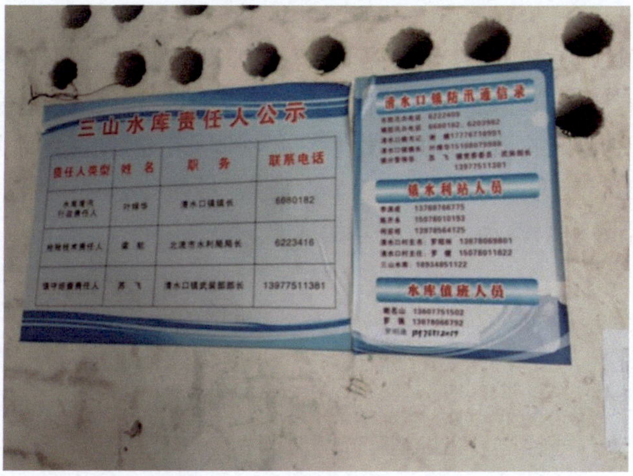

图 7-32

（2）某水库未设置“三个责任人公示牌”，仅在管理房内挂有水库防汛值班牌，如图 7-33 所示。

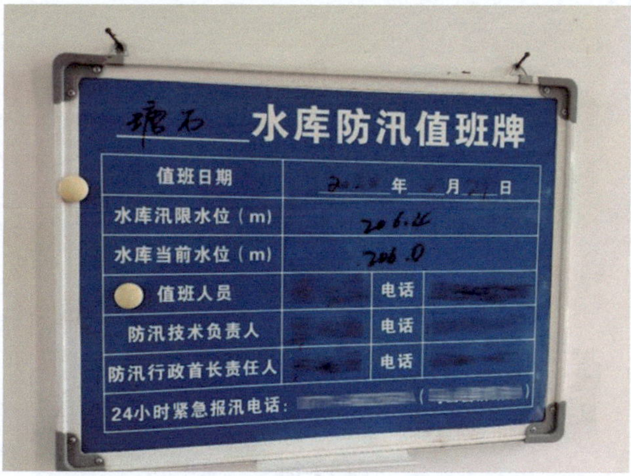

图 7-33

2. 功能作用

标识标牌的目的是展示特定信息、传递安全，是标准化管理的重要一环，设置及使用应满足《安全标志及其使用导则》（GB 2894—2008）的要求，该标准全部技术内容为强制性，应当引起小型水库管理单位的足够重视，减少安全隐患。水利工程标识标牌根据用途可分为四类，分别为公告类标识标牌、名称类标识标牌、警示类标识标牌、指引类标识标牌。①公告类标识标牌主要包括工程简介牌、工程区域布置图标牌、管理范围和保护范围公告牌、水利工程永久性责任标牌、责任人公告牌、设施设备管理责任牌、界桩、法律法规和水文化宣传牌、制度规程牌等。②名称类标识标牌主要包括建(构)筑物名称标牌、监测设施牌、设备牌、设备编号牌、消防设施牌、防汛物料牌、管道标识等。③警示类标识标牌主要包括禁止牌、警告牌、警示标线等。④指引类标识标牌主要包括巡查路线牌、巡视点牌、应急设施指引牌、逃生路线牌、建筑物导视标牌等。

3. 原因分析

(1)水库管理单位重视程度不够，不了解公示牌设立的意义和作用。

(2)水库巡查责任人责任心不强。巡查责任人大多是村民，年纪偏大，受教育程度不高且未接受水利基础知识的培训，即使发现了公示牌问题也不会及时上报。

(3)基层干部轮岗较为频繁，导致“三个责任人”经常变换，特别是行政责任人和技术责任人，因为工作原因频繁调动，导致公示牌未及时更新。

4. 规范要求

《安全标志及其使用导则》(GB 2894—2008)的相关要求如下：

(1)标志牌应设在与安全有关的醒目地方，并使大家看见后，有足够的时间来注意它所表示的内容。环境信息标志宜设在有关场所的入口处和醒目处；局部信息标志应设在所涉及的相应危险地点或设备(部件)附近的醒目处。

(2)标志牌不应设在门、窗、架等可移动的物体上，以免标志牌随母体物体相应移动，影响认读。标志牌前不得放置妨碍认读的障碍物。

(3)标志牌的平面与视线夹角应接近 90°，观察者位于最大观察距离时，最小夹角不低于 75°(见图 7-34)。

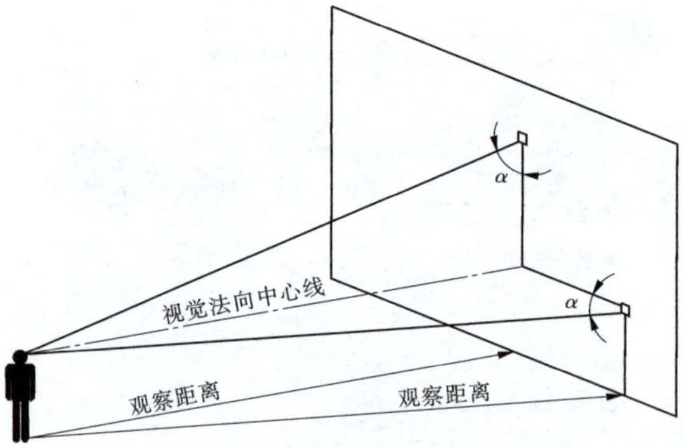

图 7-34

5. 整改措施

(1)严格水库管理，完善管理制度，明确公示牌设置及更新职责，提高管理单位对公示牌设置及更新的重视程度。

(2)增加经费的投入，包括维修养护经费和人员经费，即发现问题后能有足够资金开展维修养护工作。

(3)增加基层管理单位的管理人员和技术人员,确保有专业人员对小型水库工程实体进行维修养护,同时能够对小型水库的维修养护提供技术指导。

典型问题49 重要设备、设施铭牌标识缺失

1. 问题现象

(1)某水库溢洪道入口有人行道,但未设立警示牌,如图7-35所示。

图7-35

(2)某水库配电箱未标明名称及用途等信息,如图7-36所示。

图7-36

2. 功能作用

(1)起到标识和分类的作用。铭牌为机械设备提供清晰的标识,包括型号、序列号、生产日期等信息,便于分类管理和追踪。

(2)起到安全警示的作用。在机械设备上贴上安全警示标签,可以提醒使用者注意潜在的危险,如高温、高压、尖锐边缘等,以减少事故的发生。

(3)起到操作指导的作用。铭牌可以包含操作说明书、维护保养指南或其他重要信息,帮助使用者正确、安全地操作设备。

3. 原因分析

造成以上问题的原因,主要在于缺乏完善的管理机制。受限于部分经济不发达地区,

在对水库进行管理时，缺乏健全和完善的管理机制，同时也没有根据时代发展和技术发展的需求对管理机制进行改进和创新，管理机制往往数年甚至数十年保持不变。在这样的管理机制下使得水库管理人员对于水库管理认识不足、重视程度不够、管理水平低下，没有及时进行报告和解决，从而给水库的安全带来了巨大的隐患。

4. 整改措施

(1)铭牌标识填充。在闸门启闭机、泄洪道控制柜等关键部位安装不锈钢或耐腐蚀材质的永久性铭牌，标注设备名称、型号、设计参数、安装日期及维护责任人。

(2)加强日常管理。将铭牌完整性检查纳入水库日常安全巡查内容，制定《设备标识维护台账》，记录缺失情况及整改进度。

参考文献

[1] 张毅. SK 水电站表孔溢洪道裂缝处理措施[J]. 河南水利与南水北调,2023,52(2):28-31.

[2] 李秋光,张元甲,罗艳丽,等. 白沙水库溢洪道堰体裂缝分析及处理[J]. 河南水利与南水北调,2023,52(7):99-100.

[3] 邵建群,葛庭辉,郭媛. 开化水库差动式阶梯溢洪道的冲刷特性分析[J]. 水利建设与管理,2024,44(9):20-24.

[4] 卓战伟. 梨园水电站溢洪道混凝土缺陷及裂缝处理技术[J]. 人民长江,2021,52(S2):178-181.

[5] 马光猛,沙斌. 鲁甸县月亮湾水库溢洪道边坡稳定性及防治措施研究[J]. 陕西水利,2022(6):116-118.

[6] 刘福平. 密云水库第一溢洪道渗漏成因分析及缺陷处理[J]. 黑龙江水利科技,2021,49(11):113-115.

[7] 易鑫,王伟,李刚. 某水电厂第二溢洪道闸墩裂缝影响分析[J]. 山西建筑,2022,48(1):64-69.

[8] 刘蓓. 某水库溢洪道边坡稳定性分析[J]. 河南水利与南水北调,2021,50(9):54-56.

[9] 黄春华,蔡迟亮. 某水库溢洪道地基渗漏处理措施及效果分析[C]//中国水利学会. 第五届全国水利工程渗流学术研讨会论文集,2006.

[10] 李浪,李小五. 某水库溢洪道高边坡坡度变更后的稳定分析及优化措施[J]. 人民珠江,2023,44(增刊):124-128.

[11] 汪魁峰,宋立元,宫旭. 某水库溢洪道堰基渗漏通道现场探测与分析[J]. 人民珠江,2017,38(12):62-65.

[12] 曹方晶. 山东省小型水库管理问题研究[D]. 济南:山东大学,2015.

[13] 杨志虎. 水电站溢洪道泄槽混凝土裂缝原因分析与处理[J]. 云南水力发电,2022,38(1):132-136.

[14] 陈峰,郜军艳. 水库工程维修养护定额标准分析与经费测算[J]. 人民黄河,2019(增刊):110-112.

[15] 肖利军. 水库工程中溢洪道加固的施工技术管理措施[J]. 中国高新技术企业,2015(18):135-136.

[16] 李海楠. 水灾成患泄洪不畅谁之过[N]. 中国经济时报,2010-07-28(8).

[17] 熊瑶,闵征辉,黄小艳. 西北口水库溢洪道右侧滑坡体稳定性分析与治理方案[J]. 长江技术经济,2024,8(5):96-102.

[18] 卢永超,孟凡静. 小型水库施工问题及对策[J]. 中国新技术新产品,2012(4):101.

[19] 李婧. 泄水建筑物的冲刷破坏与防治措施研究[J]. 科技创新导报,2010(24):13.

[20] 徐宇航. 溢洪道闸墩裂缝修补处理技术[J]. 小水电,2022(4):60-63,68.

[21] 黄建新. 银盏水库溢洪道地基渗漏处理措施及效果分析[J]. 人民珠江,2008(5):52-54.

[22] 翟崇. 云南苗尾水电站溢洪道进水渠边坡倾倒岩体稳定性研究[D]. 成都:成都理工大学,2015.

[23] 朱晓源. 小型水库巡查管理存在的主要问题及其对策与措施[J]. 浙江水利科技,2007(1):56-57.

[24] 朱建武,濮久武. 中小型水库大坝安全监测工作的提升措施[J]. 小水电,2024(4):13-18.

[25] 黎春岚. 小型水库维修养护技术研究[J]. 工程技术研究,2024(9):231-233.

[26] 濮国鹏. 小型水库存在的安全隐患处理措施[J]. 农业灾害研究,2023(11):314-316.

[27] 林涛,马雨婷,林佳. 土石坝溃坝原因分析与研究[J]. 内蒙古水利,2024(8):19-20.

[28] 高兴民. 土石坝坝身渗漏破坏的原因及处理方法[J]. 水利科技与经济,2008,14(1):68-69.

[29] 王海军. 登封市卢崖寺水库滑坡与处理[J]. 河南水利与南水北调,2007(8):49.

[30] 吴树仁,王涛,石菊松,等.工程滑坡防治关键问题初论[J].地质通报,2013,32(12):1871-1880.
[31] 李建锋.土坝裂缝的危害及处理方法[J].山东水利,2012(3):39-40.
[32] 傅元娥,冯燕.土坝裂缝成因分析与处理[J].江西水利科技,2004,30(1):35-38.
[33] 程声龙.土石坝渗流破坏及其控制措施[J].黑龙江水利科技,2014,42(4):120-122.
[34] 华静,杨华舒,念红芬.病险土石坝防渗治理措施探析[J].云南水力发电,2005,21(4):21-23.
[35] 区勤勇.水库大坝白蚁病害分析及治理措施分析[J].内蒙古水利,2019(11):72-74.
[36] 建强,龚跃刚,徐海松,等.长兴县二界岭水库大坝的白蚁危害及其防治方法[J].浙江水利科技,2013,1(185):75-79.
[37] 吴奇明.土石坝排水设计分析[J].黑龙江水利科技,2015,43(4):59-61.
[38] 王兴德.浅析大坝排水沟的施工技术要求[J].农业科技与信息,2018(10):114-116.
[39] 王荣鲁,叶莉莉,李哲,等.小型水库运行管理问题及对策[J].中国水利,2021(4):44-47.
[40] 尚斌,高大水.重庆市小型水库放水设施现状及其研究展望[J].山西建筑,2019,45(2):212-213.
[41] 庞牧华,李瑞忠,梁建.安徽省小型土石坝输水洞主要病害及加固措施[J].黑龙江水利科技,2021,47(15):172-174.
[42] 盛金保,厉丹丹,龙智飞,等.水库大坝风险及其评估与管理[M].南京:河海大学出版社,2019.
[43] 严楚,吴贤孝.小型病险水库的治理问题与解决措施[J].科技资讯,2022,20(21):91-94.
[44] 王超,姚晔,钟剑锋.铝合金流道防腐蚀技术研究概况[J].电子机械工程,2014,30(2):1-4.
[45] 方祖光,周德仲.弧形闸门安装施工中的焊接变形控制[J].东北水利水电,2011,29(1):27-28.
[46] 周利利.丹江口水利枢纽闸门漏水问题及其处理[J].大坝与安全,2000(2):39-40.
[47] 陈筱.大源渡航电枢纽船闸平板闸门及启闭系统运行分析[J].水电站机电技术,2009,32(4):37-38.
[48] 陈永芳.浅析水闸闸门振动现象及防治措施[J].江苏水利,2003(1):27-29.
[49] 李小龙,郭永灵,汤英.液压卧式钢闸门在宁夏扬黄泵站改造工程中的应用[J].宁夏农林科技,2016,57(1):60-62.
[50] 赵文军,陈利,罗芳贵.启闭机钢丝绳的选用与维护[J].人民长江,2011,42(23):54-57.
[51] 吴钢,刘磊,李皓.浅谈当前中国水库运行管理中存在的主要问题及对策建议[J].水利建设与管理,2017,37(11):96-98.
[52] 刘汗,刘品,乔根平.水库资产信托管理改革与实践初探[J].水利发展研究,2021,21(6):43-46.
[53] 晏云霞,樊泽印.水库工程的维修养护[J].河南水利与南水北调,2020, 49(10):73-74.
[54] 蒙杰.浅谈水库除险加固工程施工管理[J].技术与市场,2012,19(4):210-212.
[55] 柴兆堂.建筑电气安装中的防雷接地施工技术[J].科学技术创新,2023(9):172-175.
[56] 冯云.双塔堡水库大坝观测资料分析[J].甘肃水利水电技术,2010,46(11):24-25.
[57] 黄钿先.湖南国电土木工程公司大坝安全监测项目管理体系研究[D].长沙:湖南大学,2009.
[58] 吴云星,王士军,谷艳昌,等.土石坝突发事件特征分析及应急监测探讨[J].大坝与安全,2019(3):29-34.
[59] 贾文光,孙秀丽.水利水电工程中混凝土拌和及制冷系统设计[J].建材与装饰,2018(46):274-276.
[60] 席帮艳.中小型水库大坝安全管理与维护措施探讨[J].建材与装饰, 2018(46):273-274.